초급 **2**

법무부 사회통합프로그램(KIIP)

한국어와 한국문화

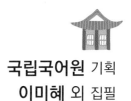

국립국어원 기획
이미혜 외 집필

Hawoo Publishing Inc.

발간사

    2020년 9월호 법무부 출입국·외국인 통계월보에 따르면 국내 체류 외국인은 약 210만 명으로 2010년보다 2배 가까이 증가하였습니다. 그런데 주목할 점은 체류 외국인이 양적으로 증가하였을 뿐만 아니라 이들의 유형이 결혼 이민자를 비롯하여 근로자, 유학생, 중도 입국 자녀 등으로 점차 다양해졌다는 것입니다. 이러한 변화는 다양한 언어와 문화적 배경을 가진 구성원과의 '공존'의 중요성을 한국 사회에 알리는 동시에 '소통'의 과제를 던져 준다고 생각합니다.

    이에 국립국어원에서는 한국에 온 외국인들이 체계적으로 한국어를 배워 한국 사회의 일원으로 능동적으로 생활하고, 사회 구성원 간의 의사소통이 더욱 원활할 수 있도록 지원하고 있습니다. 그리고 이를 위한 교육 내용을 연구하고, 한국어 교재를 발간하고 있습니다. 이번에 발간되는 ≪사회통합프로그램(KIIP) 한국어와 한국문화≫는 이러한 노력의 결실 중 하나라 할 수 있습니다.

    이번 교재 개발에는 한국어 교육 및 사회·문화 교육 전문가가 집필자와 검토자로 참여하여 한국어와 한국 문화의 전문적 내용을 체계적이면서도 친근하게 구성하였습니다. 특히 '사회통합프로그램'을 총괄하는 법무부의 협조로 현장 요구 조사와 시범 적용을 실시하여 교사와 학습자의 의견을 폭넓게 반영하기 위해 노력하였습니다. 그리고 한국어 능력 향상뿐만 아니라 문화 다양성을 고려하여 내용을 구성하였으며, 풍부한 보조 자료를 제공함으로써 교사와 학습자가 손쉽게 활용할 수 있도록 하였습니다.

    본 교재는 기초편 교재 1권, 초급 교재 2권, 중급 교재 2권의 5권으로 구성되며, 이 구성에 따라 학습자용 익힘책과 교사용 지도서가 본 교재와 함께 출간됩니다. 이와 함께 학습자용 유형별 보조 자료와 기타 보조 자료를 별도로 제작하여 현장에서 손쉽게 사용할 수 있도록 제공하였습니다.

    아무쪼록 이 교재가 사회통합프로그램에 참여하는 학습자들에게 한국어를 체계적이고 충실하게 익힐 수 있는 유용한 길잡이로 널리 활용되기를 바랍니다. 그래서 이 교재를 사용하는 이민자들이 한국 사회의 주체적인 구성원으로서 안정적인 생활을 영위하는 데 도움이 되기를 희망합니다.

    끝으로 이 교재의 개발을 위해 최선의 노력을 기울여 주신 교재 개발진과 출판사 관계자 분들께 깊은 감사의 말씀을 드립니다.

2020년 12월

국립국어원장 소강춘

머리말

국내 체류 외국인의 수가 100만 명을 넘은 2007년을 기점으로 한국 사회는 다문화 사회의 도래를 대비하기 위해 제도적 준비를 해 왔습니다. 그중 이민 초기 정착 단계의 필수적인 지원 사항인 한국어 학습은 여러 부처에서 다양한 프로그램으로 운영되었는데, 2020년부터 법무부가 주관하는 사회통합프로그램으로 표준화되었습니다. 사회통합프로그램은 국내 체류 이민자를 대상으로 하는 '한국어와 한국문화', '한국사회이해' 교육 프로그램으로, 결혼 이민자와 근로자, 유학생 등 전문 인력, 중도 입국 자녀 등이 참여합니다. 2009년에 처음 시행된 이후 점점 성장하여, 현재 약 350개의 운영 기관에서 약 6만 명의 이민자들이 교육에 참여하고 있습니다.

이민자 대상의 한국어 교육에서 사회통합프로그램의 중요성이 커지면서 교육의 체계화와 효율화, 변화하는 사회 양상의 반영 등을 위해 교재 개발 연구가 진행되었고, 그 결과물이 ≪사회통합프로그램(KIIP) 한국어와 한국문화≫ 교재입니다. 이 교재의 특징은 다음과 같습니다.

첫째, 교재와 익힘책, 교사용 지도서, 기타 보조 자료로 구성되어 있습니다. 교실 수업에서 사용할 교재 이외에 교수·학습 효율성을 높이기 위해 학습 자료 일체를 개발하였습니다.

둘째, 교재는 사회통합프로그램 단계별 100시간 수업에 맞춰 구성했는데 이민자들이 한국 사회에 정착하는 과정에서 필요한 한국어와 한국문화 내용을 선정하여 살아있는 언어문화 교육이 되도록 했습니다. 특히 변화하는 한국 사회의 모습과 특징을 교재 전체에 다양한 소재로 사용했을 뿐만 아니라, 다양한 문화 주제를 통해 이민자들이 한국 사회를 이해하고 적응하는 데 도움을 주고자 했습니다. 그리고 결혼 이민자, 근로자, 유학생 등 전문 인력, 중도 입국 자녀들을 등장인물로 하여 한국 사람들과 함께 생각과 정보를 나누고, 공감하며 생활하는 모습을 담았습니다.

셋째, 익힘책은 이민자들이 자신의 학습 속도와 능력에 맞게 학습 내용을 복습하고 보완할 수 있도록 구성하였습니다. 교사들도 교실 상황에 맞춰서 융통성 있게 활용할 수 있을 것입니다.

넷째, 교사용 지도서와 기타 보조 자료는 교사들이 수업의 핵심 내용을 명료하게 파악하고 운용하도록 안내해 줄 것입니다. 또한 교사들의 필수적인 수업 준비 시간을 단축해 주는 대신에 교실 상황에 맞는 수업 설계에 시간을 투자할 수 있도록 도와줄 것입니다.

이민자용 한국어 교재는 단지 의사소통 능력을 길러 주는 역할만이 아니라 우리 사회의 진정한 '사회통합'을 이끄는 교재여야 합니다. 이 교재를 통해 이민자들의 사회통합프로그램 참여를 확대하고 교수·학습의 효율성을 높이기를 기대합니다. 또한 이민자의 사회 적응을 돕고 진정한 사회통합으로 나아가는 데 일조하기를 기대해 봅니다.

마지막으로 우리 사회 이민자 대상 한국어 교육을 위해 의미 있는 교재 개발 사업을 기획하고 지원해 주신 국립국어원 관계자 여러분께 감사드리며, 법무부 이민통합과 관계자분들께도 감사드립니다. 그리고 다양하고 새로운 시도를 통해 멋진 교재로 완성해 주신 하우 출판사 관계자분들께도 진심으로 감사드립니다. 원고를 고치고 다듬느라 오랫동안 소중한 일상을 돌보지 못한 연구진들께도 머리 숙여 감사의 마음을 전합니다.

2020년 12월
저자 대표 이미혜

일러두기

단원 도입

- 단원 첫머리에 '제목-주제-학습 내용'을 제시하여 단원 내용을 파악할 수 있도록 하였다.

- 도입 부분에 주제 관련 삽화와 질문을 제시하여 학습 내용을 예측할 수 있도록 하였다.

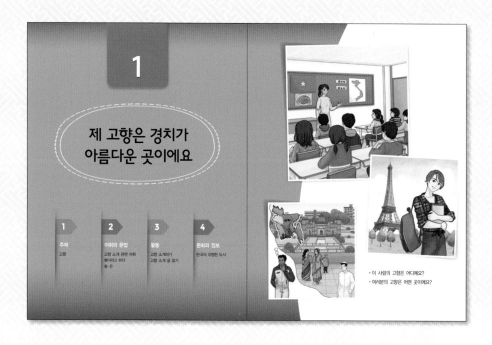

어휘와 문법 1, 2

- '어휘', '문법'을 '어휘와 문법'으로 묶어서 제시하여 학습 내용 간의 연계와 통합을 강화하였다.

- '어휘'는 주제 관련 어휘와 표현을 의미장으로 묶어서 제시했으며, 간단한 연습 문제를 포함하여 어휘 이해를 확인하도록 하였다.

- '문법'은 문법 의미와 사용법을 알 수 있도록 상황 그림과 예문을 제시했으며, 형태 정보를 도식화하여 명료하게 제시하였다. 교재에는 통제된 연습과 유의미한 연습을 포함하였고, 익힘책에 더 단순한 연습과 확장 연습을 포함하였다.

말하기와 듣기

- '말하기'는 모범 대화문을 활용한 대치 연습과 자유로운 대화 연습으로 구성하였다. 모범 대화문 연습을 통해 구체적인 상황에서 의사소통 기능 수행을 연습하도록 하였다. 자유로운 대화 연습은 모범 대화문의 확장으로, 자신의 상황에 맞게 말해 보는 연습이다.

- '듣기'는 '말하기'와 유사한 상황, 화제를 활용하여, 듣기 전 활동을 생략하고 듣기 단계 활동을 중심으로 구성하였다.

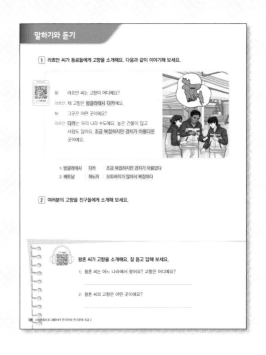

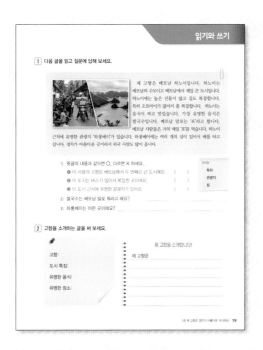

읽기와 쓰기

- '읽기'는 단원 주제와 연관된 다양한 글을 제시하였다. 이해 확인 연습은 선다형, 연결형, 진위형, 빈칸 채우기, 단답형 등으로 다양하게 구성하였다.

- '쓰기'는 '읽기'와 유사한 내용이나 형식의 글을 포함하고, 통제된 쓰기와 유도된 쓰기 형식을 적극 활용하여 쓰기에 대한 부담을 줄이도록 하였다.

발음

- 단원에서 학습하는 단어 중 어려운 발음을 선정하여 제시하고 반복 연습하도록 하였다.

문화와 정보

- 단원 주제와 관련된 문화를 선정하여 한국어로 설명하고 시각 자료를 제시하였다. 내용 이해를 돕기 위해 사진, 삽화를 충분히 제시하였다. 활동은 한국 문화에 대해 이야기하기, 자국 문화 소개하기, 자신의 경험 이야기하기 등으로 구성하여 상호문화적인 접근이 가능하도록 하였다.

차례

교재 구성표

단원	단원명	주제	어휘	문법
1	제 고향은 경치가 아름다운 곳이에요	고향	고향 소개 관련 어휘	명이라고 하다 형-은
2	쓰레기는 내가 버릴게요	집안일	집안일 관련 어휘	동-을게요 동-은 다음에
3	이걸로 한번 입어 보세요	물건 사기	옷, 신발 관련 어휘	명이나 동-어 보다
4	지금 통화할 수 있어요?	전화	전화 표현	동-을 수 있다/없다 반말
5	많이 아프면 이 약을 드세요	약국	약, 증상 관련 어휘	동형-으면 동-어서(순차)
6	맛있는 음식을 먹을 때 행복해요	기분과 감정	기분, 감정 관련 어휘	동형-겠- 동형-을 때
7	집들이니까 세제나 휴지를 가져갈게요	초대와 방문	초대와 방문 어휘	동-을래요? 동형-으니까
8	9월부터 한국어 수업을 듣기로 했어요	한국어 수업	한국어 수업 신청, 한국어 과정	동-기 전에 동-기로 하다
9	근처에 자주 가는 식당이 있어요	외식	맛, 식당의 특징	동형-을 것 같다 동-는
복습 1 (1~9과)				
10	시청 옆에 있는데 가까워요	길 안내	길 안내, 교통	동형-는데 동형-기 때문에
11	보름달을 보면서 소원을 빌어요	명절	명절, 명절에 하는 일	형-게 동-으면서
12	실수를 자주 하는 편이에요	실수와 경험	감정, 실수	동-은 적이 있다 동형-는 편이다
13	소포를 보내려고 하는데요	우체국과 은행	우체국, 은행 관련 어휘	동-으려고 하다 동-어야 되다
14	비자 연장 신청을 하려면 어떻게 해야 돼요?	공공 기관	공공 기관 업무, 신청서	동-어도 되다 동-으려면
15	무역 회사에서 번역 일을 하고 있어요	직장 생활	업무 관련 어휘	동-고 있다 동-은
16	그 행사에는 가족이나 친구를 데려가도 되거든요	행사(축제)	포스터, 게시판	동-을 동형-거든요(이유)
17	잠을 푹 자면 좋겠어요	건강	건강한 생활 습관, 건강 이상 증상	동형-으면 좋겠다 명에
18	이 수업을 신청하는 게 어때요?	문화생활	문화 센터 수업, 수강 신청	동-는 게 어때요? 형-어 보이다
복습 2 (10~18과)				

활동	발음	문화와 정보
고향 소개하기 고향 소개 글 읽기	깨끗하다, 한적하다, 복잡하다	한국의 유명한 도시
집안일 분담하기 집안일 부탁하기	살게요, 올게요, 돌릴게요	쓰레기 분리수거
옷 가게에서 옷 사기 사고 싶은 옷 소개하기	짧아요, 가 봤어요, 찾으세요	한국의 전통 시장
전화하기 문자 메시지 보내기	보낼 수 있어요, 통화할 수 있어요, 갈 수 없어서	한국 생활에 도움이 되는 스마트폰 앱(App)
약국에서 약 사기 아픈 친구에게 조언하는 글 쓰기	놓지, 어떻게, 좋지요	휴일지킴이 약국
기분에 대해 말하기 친구나 가족에게 이메일 쓰기	즐겁겠네요, 좋겠네요, 무슨 일	이모티콘
초대하기 이메일 답장하기	늦지 않게, 막히니까, 괜찮지만	집들이 선물
한국어 수업에 대해 이야기 나누기 한국어 과정에 대한 문자 읽기	합격하면, 듣기로 했어요, 아쉽네요	사회통합프로그램
회식 장소 정하기 맛집 소개하는 글 쓰기	매울 것 같아요, 없을 것 같아요, 못 먹을 것 같아요	한국의 배달 앱(App)
길 찾기 길 설명하는 글 쓰기	육교, 있는데, 어떻게	교통 표지판
명절에 하는 일 말하기 명절 소개하는 글 쓰기	짧게, 밝았지요, 끓여서	한국의 명절
경험과 감정 말하기 실수 경험 쓰기	물건값, 잃어버렸어요, 얇은 편이에요	한국의 '우리' 문화
우체국에서 소포 보내기 택배 신청서 쓰기	택배, 우편 번호, 옷하고	한국의 주소
출입국·외국인청 이용하기 출입국·외국인청에서 통합 신청서 쓰기	외국인 등록증, 여권, 신분증	출입국·외국인청(사무소)
업무 지시 받기 업무 관련 메일 쓰기	옮기고, 읽고, 앉고	한국 회사의 직위
행사 소식 알리기 고향 축제 소개하는 글 쓰기	걷기, 걷는 거, 걸었거든요	세계인의 날
건강에 대해 조언하기 건강한 생활 습관에 대해 글 쓰기	좋겠어요, 불규칙한 편이에요, 하지 않지만	민간요법
문화 센터 수업 조언하기 배우고 싶은 강좌에 대한 글 쓰기	어학 자격증, 행복해, 천연 비누	문화가 있는 날

제이슨(미국)
영어 강사

라흐만(방글라데시)
새시 공장 직원

이링(중국)
면세점 판매원

박민수(한국)
자영업

안젤라(필리핀)
무역 회사 직원

유진(필리핀)

박슬기(한국)
초등학생

후엔(베트남)
주부

등장인물

라민(이집트)
유학생

잠시드(우즈베키스탄)
이삿짐센터 직원

김영욱(한국)
버스 기사

김성민(한국)
고등학생

고천(중국)
주부

정아라(한국)
한국어 선생님

아나이스(프랑스)
유학생

1

제 고향은 경치가 아름다운 곳이에요

• 이 사람의 고향은 어디예요?

• 여러분의 고향은 어떤 곳이에요?

🔍 **다음 도시는 무엇이 유명해요?**

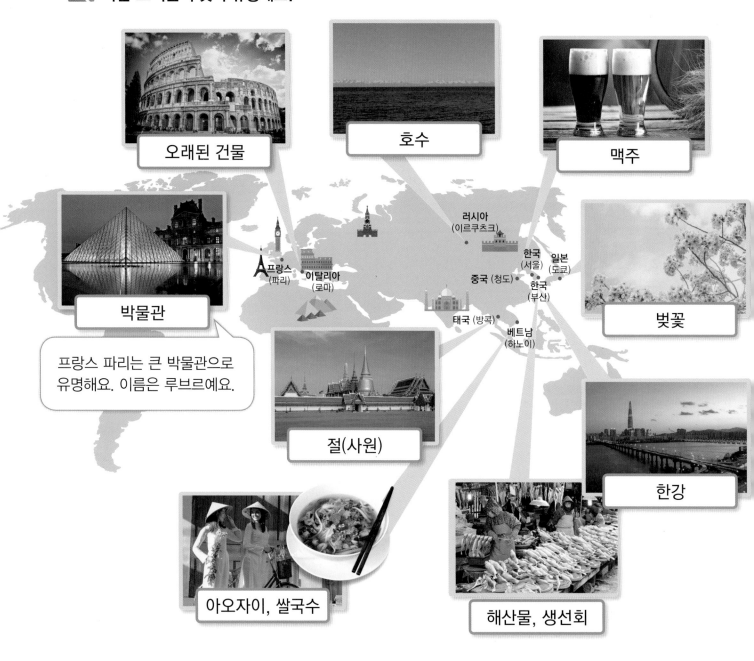

오래된 건물

호수

맥주

박물관

프랑스 파리는 큰 박물관으로 유명해요. 이름은 루브르예요.

절(사원)

벚꽃

한강

아오자이, 쌀국수

해산물, 생선회

러시아 (이르쿠츠크)

프랑스 (파리)

이탈리아 (로마)

중국 (청도)

한국 (서울)

일본 (도쿄)

한국 (부산)

태국 (방콕)

베트남 (하노이)

🔍 **여러분 나라의 수도는 어디예요? 무엇으로 유명해요?**

베트남의 수도는 하노이예요. 하노이는 쌀국수로 유명해요.

명 이라고 하다

물건이나 사람의 이름을 말할 때 사용해요.

> 이 음식을 베트남 말로 뭐라고 해요?

> 베트남 말로 '포'라고 해요.

예문

- 가: 이것을 한국말로 뭐라고 해요?
  나: 한국말로 '프린터'라고 해요.

- 이 동물을 한국말로 원숭이라고 해요.

- 처음 뵙겠습니다. 저는 제인이라고 합니다. 미국에서 왔어요.

이라고 하다	• 감 → 감이라고 하다
	• 후엔 → 후엔이라고 하다
라고 하다	• 프린터 → 프린터라고 하다
	• 박슬기 → 박슬기라고 하다

---

1 여러 나라의 옷이나 음식의 이름을 어떻게 말해요?

> 한국의 전통 옷을 한복이라고 해요. 일본의 전통 옷은 뭐라고 해요?

> 이 음식을 송편이라고 해요.

보기

한복

1)

기모노

2)

치파오

3)

아오자이

보기

송편

1)

월병

2)

짜조

3)

스시

---

2 다음에 대해 이야기해 보세요.

| 고향의 음식 이름 | 고향의 관광지 이름 |

고향의 산, 강 이름

> 제주도는 산으로 유명해요. 한라산이라고 해요.

Q 여러분의 고향 모습은 어때요?

건물이 높다

박물관이 많다

길이 복잡하다

사람이 많다

야경이 아름답다

교통이 편리하다

차가 많다

산과 강이 있다

한적하다

물이 깨끗하다

공기가 깨끗하다

조용하다

경치가 아름답다

건물이 낮다

Q 여러분의 고향을 이야기해 보세요.

제 고향은 몽골 울란바토르예요.
울란바토르는 차가 많아서 좀
복잡해요.

형용사 뒤에 붙어 뒤에 오는 명사를 꾸미고, 명사의 특징이나 상태를 나타내요.

후엔 씨, 하노이는 어떤 곳이에요?

하노이는 베트남에서 제일 큰 도시예요.

예문

• 가: 그 가게에 왜 자주 가요?

　나: 싸고 예쁜 옷이 많아요.

• 저는 넓은 집에서 살고 싶어요.

• 시장에는 싸고 맛있는 음식이 많아요.

➡ -은	• 높다	➡ 높은
	★ 가깝다	➡ 가까운
➡ -ㄴ	• 비싸다	➡ 비싼
	• 깨끗하다	➡ 깨끗한
➡ -는	• 맛있다	➡ 맛있는
	• 재미없다	➡ 재미없는

1 여기는 어디예요? 어떤 곳이에요? 이야기해 보세요.

보기

태국, 방콕

여기는 어디예요? 어떤 곳이에요?

여기는 태국 방콕이에요. 방콕은 차가 많고 복잡한 도시예요.

차가 많고 복잡하다

1)

미국, 뉴욕

높은 건물이 많다

2)

베트남, 하노이

큰 호수가 있다

3)

중국, 상하이

야경이 아름답다

2 다음을 친구에게 묻고 함께 이야기해 보세요.

지금 어떤 곳에서 살고 있어요?

앞으로 어떤 곳에서 살고 싶어요?

1 라흐만 씨가 동료들에게 고향을 소개해요. 다음과 같이 이야기해 보세요.

2-1 EBOOK

황: 라흐만 씨는 고향이 어디예요?

라흐만: 제 고향은 방글라데시 다카예요.

황: 그곳은 어떤 곳이에요?

라흐만: 다카는 우리 나라 수도예요. 높은 건물이 많고 사람도 많아요. 조금 복잡하지만 경치가 아름다운 곳이에요.

1) 방글라데시 | 다카 | 조금 복잡하지만 경치가 아름답다

2) 베트남 | 하노이 | 오토바이가 많아서 복잡하다

2 여러분의 고향을 친구들에게 소개해 보세요.

1-L.mp3

왕흔 씨가 고향을 소개해요. 잘 듣고 답해 보세요.

1) 왕흔 씨는 어느 나라에서 왔어요? 고향은 어디예요?

_____

2) 왕흔 씨의 고향은 어떤 곳이에요?

_____

1 다음 글을 읽고 질문에 답해 보세요.

제 고향은 베트남 하노이입니다. 하노이는 베트남의 수도이고 베트남에서 제일 큰 도시입니다. 하노이에는 높은 건물이 많고 길도 복잡합니다. 특히 오토바이가 많아서 좀 복잡합니다. 하노이는 음식이 싸고 맛있습니다. 가장 유명한 음식은 쌀국수입니다. 베트남 말로는 '포'라고 합니다. 베트남 사람들은 거의 매일 '포'를 먹습니다. 하노이 근처에 유명한 관광지 '하롱베이'가 있습니다. 하롱베이에는 여러 개의 섬이 있어서 배를 타고 갑니다. 경치가 아름다운 곳이라서 외국 사람도 많이 옵니다.

단어장
특히
관광지
섬

1) 윗글의 내용과 같으면 〇, 다르면 X 하세요.

❶ 이 사람의 고향은 베트남에서 두 번째로 큰 도시예요.　　(　　　)

❷ 이 도시는 버스가 많아서 복잡한 곳이에요.　　(　　　)

❸ 이 도시 근처에 유명한 관광지가 있어요.　　(　　　)

2) 쌀국수는 베트남 말로 뭐라고 해요? _____

3) 하롱베이는 어떤 곳이에요? _____

2 고향을 소개하는 글을 써 보세요.

고향:

도시 특징:

유명한 음식:

유명한 장소:

제 고향을 소개합니다!

제 고향은

한국의 유명한 도시

여러분은 한국의 어떤 도시를 압니까? 한국은 유명한 도시가 많이 있습니다. 한국의 수도는 서울입니다. 그리고 제2의 도시는 부산입니다. 부산은 큰 배가 들어오고 나가는 항구 도시입니다. 춘천은 큰 호수가 있는 호수의 도시입니다. 경주는 과거 신라의 수도로 역사의 도시입니다. 그리고 전주는 맛의 도시니까 꼭 가서 맛있는 음식을 드세요.

춘천
호수의 도시

1) 한국에서 제2의 도시는 어디예요?
2) 춘천은 어떤 곳이에요?
3) 여러분은 이 도시들 중에서 어느 도시에 가고 싶어요?

서울
한국의 수도

청주
교육의 도시

경주
역사의 도시

전주
맛의 도시

울산
공업 도시

부산
항구 도시

전주 비빔밥

1-P.mp3

발음

1. 다음을 듣고 따라 읽으세요.

1) 깨끗하다[깨끄타다]
2) 한적하다[한저카다]
3) 복잡하다[복짜파다]

2. 다음을 듣고 연습해 보세요.

1) 가: 이곳은 어떤 곳이에요?
   나: 물이 깨끗한 곳이에요.
2) 가: 후엔 씨 고향은 어떤 곳이에요?
   나: 제 고향은 한적한 곳이에요.
3) 가: 울란바토르는 어때요?
   나: 차가 많아서 복잡해요.

배운 어휘 확인

☐ 오래되다	☐ 복잡하다
☐ 호수	☐ 야경
☐ 맥주	☐ 아름답다
☐ 벚꽃	☐ 교통
☐ 한강	☐ 편리하다
☐ 해산물	☐ 한적하다
☐ 생선회	☐ 깨끗하다
☐ 절(사원)	☐ 조용하다
☐ 박물관	☐ 낮다
☐ 건물	☐ 특히
☐ 높다	☐ 관광지
☐ 많다	☐ 섬

부산 해운대

2

쓰레기는 내가 버릴게요

- 이 사람들은 무슨 일을 해요?
- 여러분은 집에서 무슨 일을 해요?

🔍 이 사람들은 어떤 집안일을 해요?

청소하다

빨래하다

요리하다

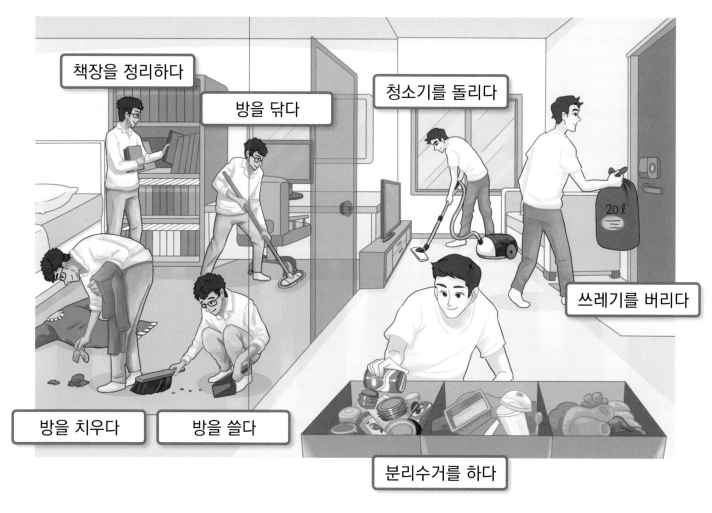

책장을 정리하다

방을 닦다

청소기를 돌리다

쓰레기를 버리다

방을 치우다

방을 쓸다

분리수거를 하다

동 -을게요

미래에 어떤 일을 할 것을 약속할 때, 의지를 나타낼 때 사용해요.

방이 좀 더럽네요.

오늘 친구들이 왔어요.
금방 **치울게요.**

예문
- 가: 잠시드 씨, 오늘 지각했어요.
  나: 죄송합니다. 다음부터 일찍 **올게요.**
- 저는 아직 일을 다 못 했어요.
  밥은 나중에 **먹을게요.**
- 제가 생일 케이크를 **준비할게요.**

◎ -을게요	• 먹다	→	**먹을게요**
	• 씻다	→	**씻을게요**
◎ -ㄹ게요	• 청소하다	→	**청소할게요**
	★ 만들다	→	**만들게요**

1 교실에서 파티를 할 거예요. 무엇을 해요? 누가 그 일을 할 거예요?

1) 책상을 정리하다
2) 음료수를 준비하다
3) 풍선을 달다

보기 바닥을 쓸다

종강 파티

 누가 바닥을 쓸 거예요?

제가 바닥을 쓸게요.

2 여러분은 가족, 선생님, 친구들에게 어떤 약속을 해요?

부모님에게
선생님에게
친구에게

 엄마, 앞으로 일찍 일어날게요.

🔍 이 사람들은 지금 뭐 해요?

🔍 여러분은 어떤 집안일이 어려워요?

저는 요리하는 것이 어려워요.

동 -은 다음에

지금 쓰레기를 버릴까요?

아뇨, 청소를 한 다음에 쓰레기를 버리세요.

예문

· 가: 어제 저녁에 좀 쉬었어요?

  나: 네, 숙제를 한 다음에 좀 쉬었어요.

· 과일을 씻은 다음에 냉장고에 넣으세요.

· 영화 본 다음에 밥 먹을까요?

➡ -은 다음에	· 먹다 ➡	먹은 다음에
	· 씻다 ➡	씻은 다음에
➡ -ㄴ 다음에	· 청소하다 ➡	청소한 다음에
	★ 만들다 ➡	만든 다음에

---

1 언제 그 일을 할 거예요? 이야기해 보세요.

보기

지금 밥을 먹을 거예요?

아뇨, 일을 끝낸 다음에 먹을 거예요.

일을 끝내다 → 밥을 먹다

1)

세탁기를 돌리다 → 쉬다

2)

숙제를 하다 → 게임을 하다

3)

집에 있는 것을 다 먹다
→ 사과를 사다

---

2 여러분은 언제 이 일들을 할 거예요? 이야기해 보세요.

숙제

빨래

설거지

언제 숙제를 할 거예요?

조금 쉰 다음에 할 거예요.

1 기숙사에서 잠시드 씨와 박진우 씨가 청소를 하려고 해요. 다음과 같이 이야기해 보세요.

2-2 EBOOK

잠시드: 집이 좀 더럽네요. 같이 집을 치워요.

박진우: 네, 그래요. 내가 **청소를 할게요**.
　　　　잠시드 씨는 바닥의 **물건들을 치워** 주세요.

잠시드: 알았어요. **물건을 치운** 다음에 **설거지를 할**까요?

박진우: 네, 그렇게 해요. 쓰레기는 내가 버릴게요.

1) 청소를 하다 ｜ 물건들을 치우다 ｜ 설거지를 하다　　2) 방을 쓸다 ｜ 옷들을 치우다 ｜ 방을 닦다

2 같이 사무실을 정리할 거예요.
누가 무슨 일을 할 거예요? 친구와 이야기해 보세요.

<정리할 일>
책상 정리하기, 쓰레기 버리기,
분리수거 하기, 청소기 돌리기,
컵 설거지하기

2-L.mp3

이링 씨가 왕흔 씨와 사무실에서 이야기해요. 잘 듣고 답해 보세요.

1) 왕흔 씨가 이링 씨에게 무엇을 부탁했어요?

　　　　　　　　　　　　　　　　　　　　　　

2) 왕흔 씨는 먼저 무슨 일을 할 거예요?
　❶ 분리수거를 할 거예요.
　❷ 화장실을 청소할 거예요.
　❸ 청소기를 돌릴 거예요.

1 다음 글을 읽고 질문에 답해 보세요.

보부르 씨

오늘 저녁에 우리 집에서 파티가 있어요.
잊지 않았지요?
퇴근 후에 마트에서 장 보고 갈게요.
보부르 씨가 거실 청소 좀 해 주세요.
청소기를 돌린 다음에 걸레질을 부탁해요.
아참, 부엌에 음식물 쓰레기가 있어요.
쓰레기도 버려 주세요.

　　　　　　　　　　잠시드 드림

왕흔 씨~

급한 일이 생겨서 먼저 나가요.
좀 전에 세탁기를 돌리기 시작했어요.
세탁이 끝난 다음에 빨래를 널어 주세요.
오늘은 집에 일찍 올게요.
이따가 저녁에 봐요. ^^

　　　　　　　　　　이링 드림

1) 보부르 씨와 잠시드 씨는 오늘 저녁에 무슨 일이 있어요?

2) 보부르 씨와 잠시드 씨는 각각 무슨 일을 할 거예요?

잠시드	보부르

1) 이링 씨는 왜 왕흔 씨에게 메모를 썼어요?

2) 이 메모의 내용과 같으면 ○, 다르면 ✕ 하세요.
   ❶ 왕흔 씨는 세탁기를 돌렸어요. (　　　)
   ❷ 이링 씨는 빨래를 널었어요. (　　　)
   ❸ 이링 씨와 왕흔 씨는 저녁때 집에서 볼 거예요. (　　　)

2 가족이나 친구, 회사 동료들에게 일을 부탁해 보세요.

- 누구에게 메모해요?

　　_____

- 무슨 일이 있어요?

　　_____

- 무엇을 부탁해요?

　　_____

MEMO

_____

_____

_____

_____

단어장

퇴근

잊다

장 보다

걸레질

음식물 쓰레기

급한 일이 생기다

쓰레기 분리수거

한국에서는 쓰레기를 분리수거합니다. 일반 쓰레기는 종량제 봉투에 넣어서 버립니다. 다시 쓸 수 있는 깡통, 병, 플라스틱, 종이 등은 분리수거통에 버립니다. 음식물 쓰레기는 음식물 쓰레기봉투에 넣어서 버립니다. 요즘은 음식물 쓰레기 종량기에 넣는 경우도 많습니다. 지역마다 쓰레기를 버리는 날짜나 장소, 쓰레기봉투 등이 다릅니다.

1) 일반 쓰레기는 어떻게 버려요?
2) 음식물 쓰레기는 어떻게 버려요?
3) 여러분의 고향에서는 쓰레기를 어떻게 버려요?

발음

1. 다음을 듣고 따라 읽으세요.

1) 살게요[살께요]

2) 올게요[올께요]

3) 돌릴게요[돌릴께요]

2. 다음을 듣고 연습해 보세요.

1) 가: 이번에는 제가 커피를 살게요.
   나: 네, 좋아요. 다음에는 제가 살게요.

2) 가: 지각하면 안 돼요.
   나: 죄송합니다. 다음부터 일찍 올게요.

3) 내가 청소기를 돌릴게요. 잠시드 씨는 물건들을 치워 주세요.

배운 어휘 확인

- [ ] 청소하다
- [ ] 빨래하다
- [ ] 요리하다
- [ ] 책장을 정리하다
- [ ] 방을 치우다
- [ ] 방을 쓸다
- [ ] 방을 닦다
- [ ] 청소기를 돌리다
- [ ] 쓰레기를 버리다
- [ ] 분리수거를 하다
- [ ] 빨래를 널다
- [ ] 빨래를 개다

- [ ] 세탁기를 돌리다
- [ ] 다림질을 하다
- [ ] 손빨래를 하다
- [ ] 음식을 만들다
- [ ] 설거지하다
- [ ] 퇴근
- [ ] 잊다
- [ ] 장 보다
- [ ] 걸레질
- [ ] 음식물 쓰레기
- [ ] 급한 일이 생기다

3

이걸로 한번 입어 보세요

- 이 사람들은 가게에서 무엇을 사요?
- 여러분은 요즘 무엇이 필요해요?

Q 무엇을 신었어요? 무엇을 썼어요?

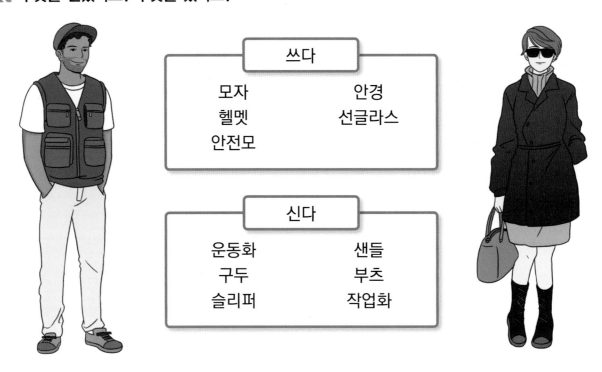

쓰다	
모자	안경
헬멧	선글라스
안전모	

신다	
운동화	샌들
구두	부츠
슬리퍼	작업화

Q 이 신발이 어때요?

치수(사이즈)가 작다	치수(사이즈)가 크다	치수(사이즈)가 잘 맞다	굽이 높다

Q 친구들은 무엇을 신었어요? 이야기해 보세요.

후엔 씨가 부츠를 신었어요.
잘 어울려요.

명 이나

선택할 수 있는 두 가지 이상을 말할 때 사용해요.

친구 생일이 다음 달이에요.
무슨 선물이 좋아요?

옷이나 액세서리를
사 주세요.

예문
- 가: 저는 매운 음식을 잘 못 먹어요.

  나: 그럼 삼계탕이나 칼국수를 드세요.
- 저는 버스나 지하철을 타고 회사에 가요.
- 라민 씨, 토요일이나 일요일에 시간이

  있어요? 같이 영화 봐요.

이나	· 샌들 → 샌들이나 슬리퍼
	· 가방 → 가방이나 모자
나	· 커피 → 커피나 주스
	· 운동화 → 운동화나 구두

1 여러분은 무엇이 좋아요? 이야기해 보세요.

보기

선물

생일에 무슨 선물을
받고 싶어요?

저는 운동화나 모자를
받고 싶어요.

1)

여행

2)

음식

3)

집들이 선물

2 다음을 친구에게 묻고 함께 이야기해 보세요.

어떤 신발을 사고
싶어요?

어떤 음식을 먹고
싶어요?

어디에 가고
싶어요?

무엇을 배우고
싶어요?

🔍 무엇을 입었어요? 어떤 액세서리를 했어요?

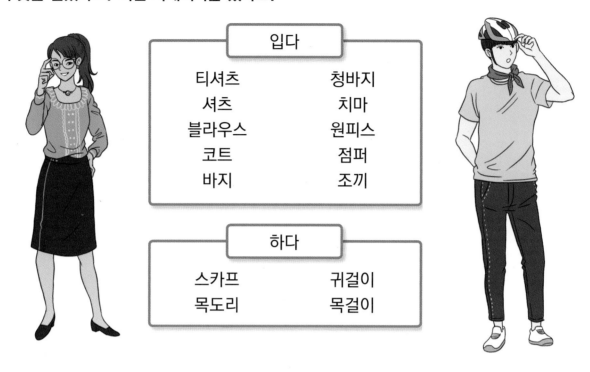

입다	
티셔츠	청바지
셔츠	치마
블라우스	원피스
코트	점퍼
바지	조끼

하다	
스카프	귀걸이
목도리	목걸이

🔍 이 옷이 어때요?

| 길이가 짧다 | 길이가 길다 | 편하다 | 디자인이 마음에 들다 |

🔍 친구와 옷에 대해 이야기해 보세요.

옷이 어때요?

티셔츠는 편하지만 치마는 길이가 좀 짧아요.

동 -어 보다

이 원피스 디자인이 마음에 들어요. 제 사이즈가 있어요?

네, 이걸로 한번 입어 보세요.

예문

• 가: 제주도 가 봤어요?

  나: 네, 작년 여름에 가 봤어요.

• 라흐만 씨, 한국 음식 중에 삼계탕 먹어 봤어요?

• 이 운동화가 아주 편해요. 한번 신어 보세요.

▶ **-아 보다**	• 찾다 →	**찾아 보다**
	• 살다 →	**살아 보다**
▶ **-어 보다**	• 입다 →	**입어 보다**
	• 쓰다 →	**써 보다**
▶ **-해 보다**	• 공부하다 →	**공부해 보다**
	• 일하다 →	**일해 보다**

1 다른 사람에게 경험을 물어보세요.

이링 씨, 한복 입어 봤어요?

보기 **입다**
- [ ] 한복
- [ ] 아오자이
- [ ] 기모노
- [ ] 치파오

아니요, 아직 못 입어 봤어요. 한번 입어 보고 싶어요.

1) 운동하다
- [ ] 축구
- [ ] 농구
- [ ] 등산
- [ ] 번지 점프

2) 여행 가다
- [ ] 부산
- [ ] 경주
- [ ] 제주도
- [ ] 외국

3) 먹다
- [ ] 냉면
- [ ] 삼계탕
- [ ] 불고기
- [ ] 비빔밥

2 다른 사람에게 권유해 보세요.

옷

음식

여행지

한복이 정말 편하고 예뻐요. 한번 입어 보세요.

1 후엔 씨가 옷 가게에서 점원과 이야기해요. 다음과 같이 이야기해 보세요.

2-3 EBOOK

점원: 어서 오세요. 어떤 옷을 찾으세요?

후엔: 정장 치마나 바지 있어요? 결혼식에서 입을 거예요.

점원: 네, 이쪽에 있어요. 이건 어떠세요?

후엔: 바지 허리가 조금 작아요. 더 큰 사이즈 있어요?

점원: 그럼 이걸로 한번 입어 보세요.

1) 정장 치마, 바지 │ 결혼식 │ 바지 허리가 작다

2) 정장 재킷, 셔츠 │ 학부모 모임 │ 재킷 사이즈가 작다

2 여러분이 필요한 옷을 친구와 이야기해 보세요.

 주말에 등산을 갈 거예요. 뭘 입는 게 좋을까요?

편한 등산 바지나 청바지를 입어 보세요.

3-L.mp3

잠시드 씨가 점원과 이야기해요. 잘 듣고 답해 보세요.

1) 어떤 옷을 찾아요?

❶ 　❷ 　❸ 　❹

2) 잠시드 씨는 옷을 입어 봤어요?

_____

1 다음 글을 읽고 질문에 답해 보세요.

이 옷은 우리 회사의 작업복입니다. 우리는 작업복으로 티셔츠, 바지, 조끼를 입습니다. 이 티셔츠와 바지는 시원하고 편합니다. 땀도 빨리 마릅니다. 조끼에는 주머니가 많이 있습니다. 그래서 필요한 물건을 넣습니다. 저는 이 옷이 아주 마음에 듭니다.

1) 이 사람은 작업복으로 무슨 옷을 입었어요? _____

2) 이 작업복은 무엇이 좋아요? _____

3) 이 조끼에 무엇이 많이 있어요? _____

2 여러분이 사고 싶은 옷이 있어요? 이유를 써 보세요.

단어장

작업복
시원하다
땀
마르다
주머니

내가 사고 싶은 옷

저는 따뜻한 점퍼나 코트를 사고 싶어요. 한국의 날씨가 추워서 자주 감기에 걸려요. 그래서 이번 주말에 쇼핑을 하러 갈 거예요.

내가 사고 싶은 옷

_____
_____
_____
_____
_____

한국의 전통 시장

한국에는 전통 시장이 많이 있습니다. 전통 시장에서는 다양한 물건과 음식을 팝니다. 보통 백화점보다 가격이 쌉니다. 서울에는 남대문 시장, 광장 시장, 경동 시장, 통인 시장 등이 있습니다. 여러분도 한국의 전통 시장에 한번 가 보세요. 거기에서 좋은 물건도 구경하고 맛있는 음식도 먹어 보세요.

1) 전통 시장에서 무엇을 팔아요?
2) 서울에 있는 전통 시장은 뭐예요?
3) 여러분 주변에는 어떤 전통 시장이 있어요?

발음

1. 다음을 듣고 따라 읽으세요.

1) 짧아요[짤바요]

2) 가 봤어요[가 봐써요]

3) 찾으세요[차즈세요]

2. 다음을 듣고 연습해 보세요.

1) 가: 이건 어떠세요?
나: 이 바지는 좀 짧아요. 더 큰 사이즈 있어요?

2) 가: 제주도에 가 봤어요?
나: 네, 작년에 가 봤어요.

3) 가: 어떤 옷을 찾으세요?
나: 정장 치마나 바지 있어요?

배운 어휘 확인

☐ 쓰다	☐ 잘 맞다	☐ 스카프
☐ 모자	☐ 굽이 높다	☐ 귀걸이
☐ 헬멧	☐ 입다	☐ 목도리
☐ 안전모	☐ 티셔츠	☐ 목걸이
☐ 안경	☐ 청바지	☐ 길이
☐ 선글라스	☐ 셔츠	☐ 짧다
☐ 신다	☐ 치마	☐ 길다
☐ 운동화	☐ 블라우스	☐ 편하다
☐ 샌들	☐ 원피스	☐ 마음에 들다
☐ 구두	☐ 코트	☐ 작업복
☐ 부츠	☐ 점퍼	☐ 시원하다
☐ 슬리퍼	☐ 바지	☐ 땀
☐ 작업화	☐ 조끼	☐ 마르다
☐ 치수	☐ 하다	☐ 주머니

4

지금 통화할 수 있어요?

- 이 사람들은 지금 무엇을 해요?
- 여러분은 누구에게 전화를 자주 해요?

Q 휴대 전화로 지금 뭘 해요?

전화를 걸다

전화를 받다

전화를 끊다

문자를 보내다

문자를 받다

문자를 지우다

전화를 바꾸다

국제 전화를 하다

영상 통화를 하다

Q 여러분은 전화를 자주 해요? 이야기해 보세요.

| 누구에게 문자를 자주 보내요? | 누구와 영상 통화를 자주 해요? | 국제 전화를 자주 해요? |

누구에게 문자를 자주 보내요?

저는 친구에게 문자를 자주 보내요.

동-을 수 있다/없다

어떤 상황이나 일이 가능하거나 어떤 일을 할 수 있는 능력이 있음을 나타낼 때 사용해요.

팀장님, 지금 **통화할 수 있어요**?

네, 괜찮아요.

예문

• 가: 거기 이주민 센터죠? 주말에도 상담을 **받을 수 있어요**?

  나: 네, 상담을 **받을 수 있어요**.

• 내일은 일이 있어서 한국어 센터에 **갈 수 없어요**.

• 저는 한국 음식을 **만들 수 있어요**.

○ -을 수 있다	• 먹다 →	먹을 수 있어요
	• 받다 →	받을 수 있어요
○ -ㄹ 수 있다	• 가다 →	갈 수 있어요
	★ 만들다 →	만들 수 있어요

---

1 무엇을 할 수 있어요? 무엇을 할 수 없어요? 이야기해 보세요.

	이링	라민
보기 한국어로 문자를 보내다	○	X
1) 기숙사에서 요리하다	○	X
2) 지금 전화를 받다	X	○
3) 한국 음식을 만들다	○	○

이링 씨, 한국어로 문자를 보낼 수 있어요?

네, 한국어로 문자를 보낼 수 있어요.

---

2 여러분은 무엇을 할 수 있어요? 무엇을 할 수 없어요?

운동

요리

외국어

저는 수영을 할 수 있어요.

저는 자전거를 탈 수 없어요.

Q 여러분은 전화를 자주 해요? 다음 표현을 사용해서 말해 보세요.

지금 안 계세요.

여보세요?

전화를 잘못 걸었어요.

"아닙니다."

전화 왔어요.

뚜- 뚜-

통화 중이에요.

전화번호가 몇 번이에요?
010-1234-5678이에요.

매너 모드로 해요.
진동으로 해요.

답장이 없어요.

휴대 전화 배터리가 없어요.

2%

Q 여러분은 다음 상황에서 어떻게 해요? 이야기해 보세요.

친구가 통화 중이에요.

전화 벨 소리가 시끄러워요.

친구에게 문자 메시지 답장이 없어요.

친구가 통화 중이에요.
어떻게 해요?

조금 후에 다시 전화를 걸어요.

반말

아나이스, 나 안젤라야.

응, 안젤라. 그런데 무슨 일이야?

예문

- 가: 라민, 그럼 이만 **끊을게**. 다음에 또 **통화해**.
- 나: 응, 그래.

- 가: 주말에 시간 **있어**?
- 나: **아니**. 약속이 **있어**.

- 이따가 같이 쇼핑하러 **갈 거야**.

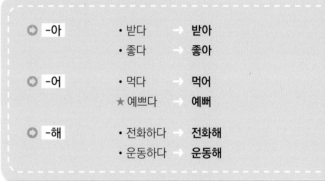

⟳ -아	• 받다 → **받아**
	• 좋다 → **좋아**
⟳ -어	• 먹다 → **먹어**
	★ 예쁘다 → **예뻐**
⟳ -해	• 전화하다 → **전화해**
	• 운동하다 → **운동해**

Tip 정중하게 대해야 하는 윗사람에게는 사용하지 않는 것이 좋다.

---

1 다음 대화를 보고 반말로 바꿔 보세요.

보기

방학에 뭐 해?

방학에 뭐 해요?

여행을 가요.

여행 가.

1)
전화번호가 몇 번이에요?

010-1234-5678이에요.

2)
안젤라 씨한테 문자를 보냈어요?

네, 그런데 아직 답장이 없어요.

3)
수업 후에 뭐 할 거예요?

시내에 갈 거예요.

2 친구와 반말로 이야기해 보세요.

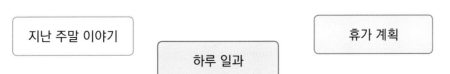

지난 주말 이야기

하루 일과

휴가 계획

1 선생님과 통화하고 싶어서 전화를 걸었어요. 다음과 같이 이야기해 보세요.

2-4 EBOOK

직 원: 여보세요. 다문화 센터입니다.

라흐만: 안녕하세요? 저는 라흐만이라고 하는데요.
정아라 선생님 좀 바꿔 주세요.

직 원: 정아라 선생님은 지금 자리에 안 계세요.
그런데 무슨 일이에요?

라흐만: 오늘 수업에 갈 수 없어서 전화했어요.

직 원: 그럼 제가 말씀 전해 드릴게요.

1) 다문화 센터 | 정아라 선생님 | 수업에 못 가다 2) 한국 전자 | 팀장님 | 회사에 못 가다

2 여러분은 내일 한국어 수업에 갈 수 없어요. 선생님께 전화로 이야기해 보세요.

4-L.mp3

라민 씨와 아나이스 씨가 이야기해요. 잘 듣고 답해 보세요.

1) 두 사람은 오늘 무슨 약속이 있어요?

2) 라민 씨는 아나이스 씨에게 어떻게 연락했어요?

1 다음 글을 읽고 질문에 답해 보세요.

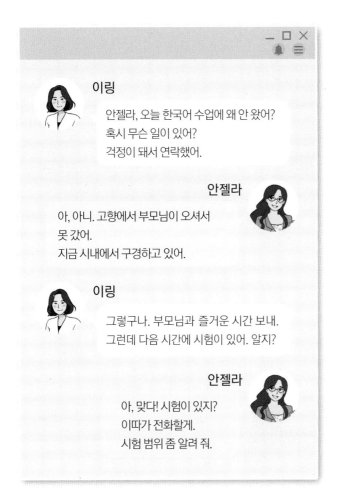

이링

안젤라, 오늘 한국어 수업에 왜 안 왔어?
혹시 무슨 일이 있어?
걱정이 돼서 연락했어.

안젤라

아, 아니. 고향에서 부모님이 오셔서
못 갔어.
지금 시내에서 구경하고 있어.

이링

그렇구나. 부모님과 즐거운 시간 보내.
그런데 다음 시간에 시험이 있어. 알지?

안젤라

아, 맞다! 시험이 있지?
이따가 전화할게.
시험 범위 좀 알려 줘.

1) 이링은 왜 안젤라에게 문자를 보냈어요?

_____

2) 이 메시지의 내용과 같으면 ○, 다르면
   X 하세요.

   ❶ 이링은 오늘 학교에 안 갔어요. (   )
   ❷ 안젤라는 지금 부모님을 만났어요.
                                    (   )
   ❸ 안젤라는 이따가 이링에게 전화를
     할 거예요.   (   )

3) 안젤라는 이링에게 무엇을 물어볼 거예요?

_____

2 친구에게 부탁하는 메시지를 써 보세요.

- 무슨 일이 생겼어요?

  _____

- 친구에게 무엇을 부탁할 거예요?

  _____

- 반말로 쓰세요.

친구

단어장

혹시
걱정이 되다
구경하다
시험 범위

한국 생활에 도움이 되는 스마트폰 앱(App)

스마트폰 앱(App)에는 유용한 것들이 많습니다. 여러분은 명함 앱을 사용해 봤습니까? 휴대 전화 카메라로 명함을 찍으면 명함의 이름, 이메일 주소, 전화번호가 자동으로 입력됩니다.

다음으로, '구해줘' 앱이 있습니다. 어두운 밤길, 등산이나 낚시 등의 야외 활동 중 위험한 상황에서 112나 119로 전화하지 않아도 됩니다. 위험할 때 이 앱으로 자신의 위치를 문자나 채팅으로 알립니다. 그러면 빨리 도움을 받을 수 있습니다.

1) 명함 앱에는 무슨 정보가 있어요?
2) '구해줘' 앱은 언제 사용해요?
3) 여러분이 알고 있는 스마트폰 앱을 소개해 보세요.

발음

1. 다음을 듣고 따라 읽으세요.

1) 보낼 수 있어요[보낼 쑤 이써요]
2) 통화할 수 있어요[통화할 쑤 이써요]
3) 갈 수 없어서[갈 쑤 업써서]

2. 다음을 듣고 연습해 보세요.

1) 한국어로 문자 보낼 수 있어요.
2) 가: 지금 통화할 수 있어요?
   나: 네, 괜찮아요.
3) 가: 무슨 일이에요?
   나: 오늘 수업에 갈 수 없어서 전화했어요.

배운 어휘 확인

☐ 전화를 걸다

☐ 전화를 받다

☐ 전화를 끊다

☐ 문자를 보내다

☐ 문자를 받다

☐ 문자를 지우다

☐ 전화를 바꾸다

☐ 국제 전화를 하다

☐ 영상 통화를 하다

☐ 여보세요?

☐ 전화를 잘못 걸었어요

☐ 통화 중이에요

☐ 매너 모드로 하세요/
   진동으로 하세요

☐ 휴대 전화 배터리가 없어요

☐ 답장이 없어요

☐ 전화번호가 몇 번이에요?

☐ 전화 왔어요

☐ 지금 안 계세요

☐ 혹시

☐ 걱정이 되다

☐ 구경하다

☐ 시험 범위

5

많이 아프면 이 약을 드세요

· 이 사람들은 어디가 아파요?

· 여러분은 언제 약국에 갔어요?

Q 어디가 아파요?

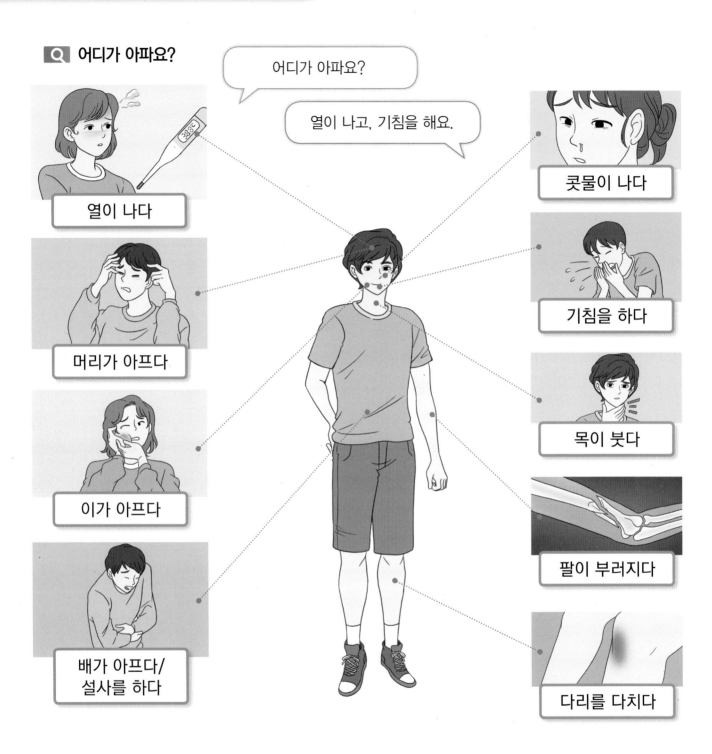

어디가 아파요?

열이 나고, 기침을 해요.

열이 나다

머리가 아프다

이가 아프다

배가 아프다/
설사를 하다

콧물이 나다

기침을 하다

목이 붓다

팔이 부러지다

다리를 다치다

Q 여러분은 언제, 어디가 아팠어요? 이야기해 보세요.

지난 주말에 축구를 했어요.
운동장에서 넘어져서 다리를 다쳤어요.

앞 내용이 뒤 내용의 조건이나 가정이 될 때 사용해요.

머리가 아프고 열이 나요.

많이 **아프면** 병원에 가 보세요.

예문

• 가: 가족들이 한국에 **오면** 뭐 하고 싶어요?

　나: 같이 제주도에 가고 싶어요.

• 시간이 **있으면** 밥 먹을까요?

• 방학을 **하면** 고향에 가서 부모님을 만날 거예요.

-으면	• 먹다 → **먹으면**
	• 있다 → **있으면**
-면	• 다치다 → **다치면**
	★만들다 → **만들면**

---

1 이 사람들은 고민이 있어요. 좋은 방법을 이야기해 주세요.

보기

어제부터 기침을 계속 해요.

기침을 계속 하면 따뜻한 차를 마셔 보세요.

어제부터 기침을 계속 하다

따뜻한 차를 마시다

1)
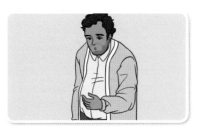

요즘 배가 많이 나오다

자전거를 타다

2)

요즘 밤에 잠이 안 오다

커피를 조금만 마시다

3)

자주 다리가 붓다

마사지를 하다

---

2 여러분은 어떻게 할 거예요? 이야기해 보세요.

한국어를 잘하면 뭐 하고 싶어요?

가족들이 한국에 오면 뭐 할 거예요?

돈이 많으면 뭘 사고 싶어요?

🔍 **어디가 아파요? 무슨 약이 필요해요?**

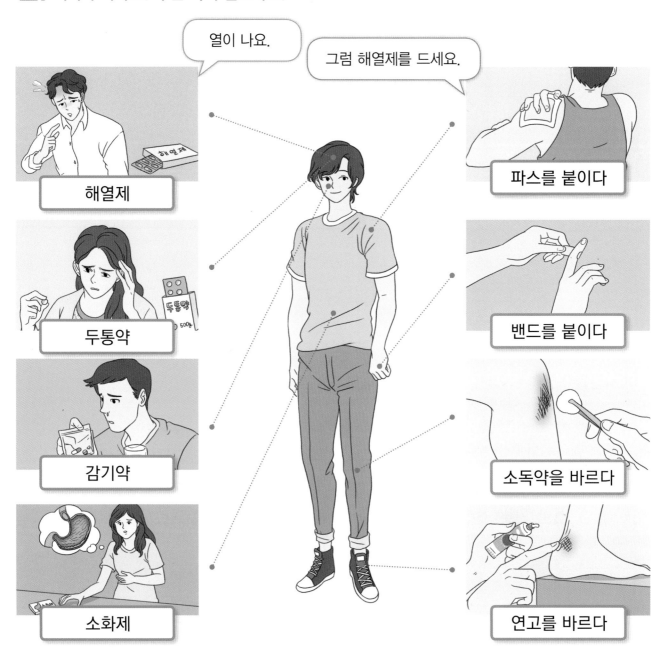

🔍 **여러분은 어디가 아팠어요? 약국에서 무슨 약을 샀어요?**

저는 지난번에 머리가 아파서 두통약을 샀어요.

동-어서(순차)

서로 관련이 있는 두 행동이 시간적으로 이어서 일어남을 말할 때 사용해요.

> 아침부터 소화가 잘 안 돼요.

> 약국에 가서 소화제를 사 올게요.

예문

- 가: 제이슨 씨, 점심 먹었어요?

  나: 네, 편의점에서 도시락을 사서 먹었어요.

- 지난 주말에 친구를 만나서 같이 영화를 봤어요.

- 저는 집에서 요리해서 먹어요.

○ -아서	• 오다 →	**와서**
	• 만나다 →	**만나서**
○ -어서	• 만들다 →	**만들어서**
	• 기다리다 →	**기다려서**
○ -해서	• 공부하다 →	**공부해서**
	• 운동하다 →	**운동해서**

1 여러분은 어떻게 해요? 이야기해 보세요.

보기 케이크를 먹어요	1) 음식을 먹어요	2) 영화를 봐요	3) 물을 마셔요
집에서 만들다 ✓ 제과점에서 사다 ☐	직접 요리하다 ☐ 배달시키다 ☐	영화관에 가다 ☐ 내려받다 ☐ (다운로드 받다)	집에서 끓이다 ☐ 마트에서 사다 ☐

> 케이크를 집에서 만들어서 먹어요, 제과점에서 사서 먹어요?

> 저는 집에서 만들어서 먹어요.

2 다음을 친구에게 물어보고 함께 이야기해 보세요.

> 아침에 일어나서 제일 먼저 뭐 해요?

> 수업이 끝난 다음에 집에 가서 뭐 해요?

> 친구를 만나서 뭐 해요?

1 약국에서 약사와 이야기해요. 다음과 같이 이야기해 보세요.

2-5 EBOOK

약사: 어떻게 오셨어요?

이링: 배가 아프고 설사를 해요.

약사: 언제부터 아팠어요?

이링: 오늘 아침부터 아팠어요.

약사: 그럼 이 약을 지금 드세요. 그래도 계속 아프면 하루에 두 번, 아침과 저녁에 드세요. 그리고 죽을 끓여서 드세요.

1) 배가 아프고 설사를 하다 │ 하루에 두 번, 아침과 저녁에 먹다, 죽을 끓여서 먹다
2) 열이 나고 머리가 아프다 │ 병원에 가 보다, 집에 가서 푹 쉬다

2 아파서 약국에 왔어요. 약국에서 약을 사 보세요.

어떻게 오셨어요?

어디가 아프세요?

5-L.mp3

잠시드 씨가 아파서 약국에 갔어요. 잘 듣고 답해 보세요.

1) 잠시드 씨는 어디가 아파요?

_____

2) 약국에서 어떤 약을 샀어요?

①  ②  ③  ④

1 다음 글을 읽고 질문에 답해 보세요.

1) 약 봉투의 내용과 같으면 ○, 다르면 X 하세요.

❶ 이 약은 하루에 세 번 먹어요.　　　(　　　)

❷ 이 약은 점심에 먹지 않아요.　　　(　　　)

❸ 라민 씨는 스물다섯 살이에요.　　　(　　　)

2) 이 약은 며칠 동안 먹어요?

_____

3) 이 약은 언제 먹어요?

_____

2 아픈 사람이 인터넷에 질문을 했어요. 어떻게 하면 좋을까요? 댓글을 써 보세요.

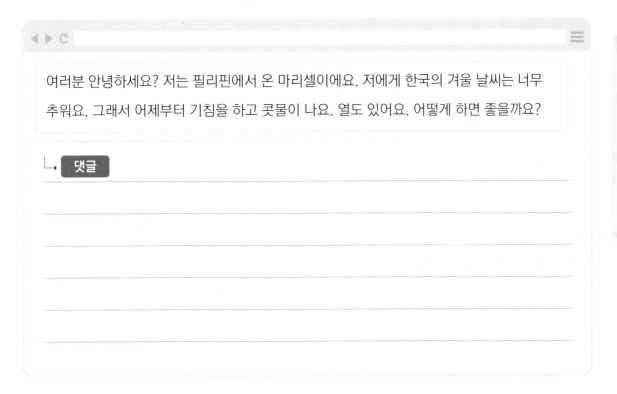

여러분 안녕하세요? 저는 필리핀에서 온 마리셀이에요. 저에게 한국의 겨울 날씨는 너무 추워요. 그래서 어제부터 기침을 하고 콧물이 나요. 열도 있어요. 어떻게 하면 좋을까요?

┗ **댓글**

_____
_____
_____
_____
_____

단어장

용법

회

분

식전

식후

댓글

휴일지킴이 약국

한국에서는 편의점에서도 해열제, 진통제, 소화제, 감기약, 파스를 살 수 있습니다. 하지만 대부분의 약들은 약국에서 삽니다. 휴일에 약이 필요하면 어떻게 할까요? 그러면 휴일지킴이 약국을 찾아보세요. 휴일지킴이 약국은 휴일에도 문을 엽니다. 휴일지킴이 약국 홈페이지에 접속하면 휴일지킴이 약국을 찾을 수 있습니다. 그리고 필요한 약 정보도 확인할 수 있습니다.

1) 약을 어디에서 살 수 있어요?
2) 휴일지킴이 약국은 어떤 약국이에요?
3) 여러분 고향에서는 어디에서 약을 살 수 있어요?

 발음

1. 다음을 듣고 따라 읽으세요.

1) 놓지[노치]
2) 어떻게[어떠케]
3) 좋지요[조치요]

2. 다음을 듣고 연습해 보세요.

1) 가: 여기에 물건을 놓지 마세요.
  나: 네, 알겠습니다.
2) 가: 어떻게 오셨어요?
  나: 머리가 아파요.
3) 가: 같이 밥을 먹을까요?
  나: 좋지요.

배운 어휘 확인

- [ ] 열이 나다
- [ ] 콧물이 나다
- [ ] 머리가 아프다
- [ ] 기침을 하다
- [ ] 이가 아프다
- [ ] 목이 붓다
- [ ] 배가 아프다
- [ ] 설사를 하다
- [ ] 부러지다
- [ ] 다치다
- [ ] 해열제
- [ ] 두통약
- [ ] 감기약

- [ ] 소화제
- [ ] 파스
- [ ] 밴드
- [ ] 붙이다
- [ ] 소독약
- [ ] 연고
- [ ] 바르다
- [ ] 용법
- [ ] 회
- [ ] 분
- [ ] 식전
- [ ] 식후
- [ ] 댓글

6

맛있는 음식을 먹을 때 행복해요

1
주제
기분과 감정

2
어휘와 문법
기분, 감정 관련 어휘
동 형 -겠-
동 형 -을 때

3
활동
기분에 대해 말하기
친구나 가족에게
이메일 쓰기

4
문화와 정보
이모티콘

장학 증서 수여식

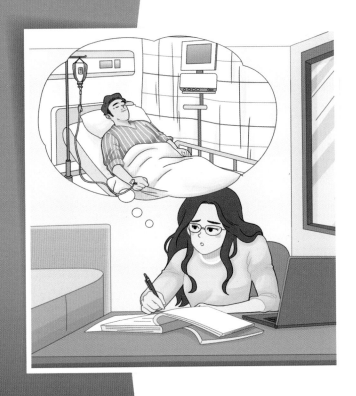

- 이 사람들은 기분이 어때요?
- 여러분은 언제 기분이 좋아요?
  언제 기분이 안 좋아요?

🔍 지금 기분이 어때요?

상을 받았어요. 그래서 기뻐요.

기분이 좋다

기쁘다

신나다

행복하다

즐겁다

반갑다

🔍 여러분은 무엇을 하면 기분이 좋아요?

저는 운동하면 기분이 좋아요.

다른 사람의 일이나 상황을 추측할 때 사용해요.

생일 선물로 지갑을 받았어요.

와, 정말 좋겠어요.

예문
- 가: 서울에서 10시에 KTX를 탈 거예요.
  나: 그럼 부산에 12시 전에 **도착하겠네요.**

- 가: 어제 밤 11시까지 일했어요.
  나: 많이 **피곤하겠어요.**

- 내일 비가 오니까 날씨가 **춥겠어요.**

-겠-
- 좋다 → 좋겠어요
- 춥다 → 춥겠어요
- 오다 → 오겠어요
- 아프다 → 아프겠어요

---

1 그림을 보고 이야기해 보세요.

보기

친구들과 여행을 가요.

즐겁겠어요.

친구들과 여행을 가다 | 즐겁다

1)

장학금을 받았다
기분이 좋다

2)

다음 달에 고향에 가다
가족들이 좋아하다

3)

날씨가 흐리다
비가 오다

2 친구의 계획을 듣고 이야기해 보세요.

오랜만에 가족들을 다 만나요.

정말 반갑겠어요.

기분이 안 좋다

🔍 지금 기분이 어때요?

> 강아지가 죽었어요. 그래서 슬퍼요.

슬프다

걱정되다

외롭다

화나다

짜증나다

답답하다

🔍 여러분은 무엇을 하면 기분이 안 좋아요?

> 친구하고 싸우면 기분이 안 좋아요.
> 화나요.

어떤 행위나 상황이 일어난 순간이나 동안을 나타내요.

후엔 씨는 언제 행복해요?

저는 가족들과 맛있는 음식을 먹을 때 행복해요.

예문

• 가: 언제 부모님이 많이 생각나요?

　나: **아플 때** 부모님이 생각나요.

• 윗사람과 **식사할 때** 숟가락을 먼저 들지 마세요.

• 숙제가 많아서 **힘들 때** 한국 친구가 도와줘요.

▶ -을 때	• 먹다	→	먹을 때
	• 많다	→	많을 때
▶ -ㄹ 때	• 가다	→	갈 때
	★힘들다	→	힘들 때

Tip 과거의 시간을 나타낼 때는 '-었을 때'를 사용한다.

---

1 그림을 보고 이야기해 보세요.

보기

기분이 안 좋을 때 어떻게 해요?

기분이 안 좋을 때 산책해요.

기분이 안 좋다　산책하다

1)

화나다
많이 먹다

2)

답답하다
친구에게 이야기하다

3)

밤에 잠이 안 오다
조용한 음악을 듣다

---

2 여러분의 기분을 친구와 이야기해 보세요.

언제 행복해요?

언제 외로워요?

언제 슬퍼요?

저는 부모님과 전화 통화할 때 행복해요.

말하기와 듣기

1 친구에게 안 좋은 일이 생겼어요. 다음과 같이 이야기해 보세요.

2-6 EBOOK

아나이스: 안젤라 씨, 무슨 일 있어요? 얼굴이 안 좋네요.

안 젤 라: 아버지께서 몸이 안 좋으셔서 병원에 계세요.

아나이스: 정말요? 많이 걱정되겠어요.

안 젤 라: 네, 이런 일이 있을 땐 정말 슬퍼요.
빨리 고향에 가서 아버지를 보고 싶어요.

1) 아버지께서 몸이 안 좋으셔서 병원에 계시다 │ 걱정되다 │ 아버지를 보다

2) 제일 친한 친구가 고향으로 돌아갔다 │ 외롭다 │ 친구를 만나다

2 친구의 얼굴을 보고 서로 기분을 이야기해 보세요.

얼굴이 안 좋아요.
무슨 일 있어요?

지갑을 잃어버렸어요.
그래서 짜증나요.

6-L.mp3

고천 씨와 선생님이 이야기해요. 잘 듣고 답해 보세요.

1) 고천 씨는 다음 주 수업에 왜 못 와요?

_____

2) 고천 씨는 요즘 기분이 어때요?

_____

1 다음 글을 읽고 질문에 답해 보세요.

◀ ▶ C	≡

받는 사람	나시르〈nasir3792@tmail.com〉
보낸 사람	잠시드〈jamshid@tmail.com〉
제목	한국 생활이 정말 즐거워요

나시르 씨,
안녕하세요?
요즘 어떻게 지내요?
저는 아주 잘 지내요. 작년에 처음 한국에 왔을 때는 정말 힘들고 외로웠어요.
그리고 한국 사람의 이야기를 이해하지 못해서 답답했어요.
하지만 지금은 좋은 친구도 많이 사귀고 한국말도 잘해요.
그래서 요즘은 한국 생활이 정말 즐거워요.
다음 달에는 친구들과 제주도로 여행을 갈 거예요. 정말 재미있겠지요?
다음에 나시르 씨하고도 함께 여행하고 싶어요. 우리 꼭 같이 가요.
그럼 다음에 또 연락할게요.

잠시드 드림

1) 잠시드 씨는 처음 한국에 왔을 때 어땠어요? _____

2) 잠시드 씨는 요즘 생활이 어때요? _____

3) 잠시드 씨는 다음 달에 무엇을 할 거예요? _____

2 여러분도 친구나 가족에게 한국 생활에 대해 이메일을 써 보세요.

◀ ▶ C	≡

받는 사람	
보낸 사람	
제목	

_____

_____

_____

_____

이모티콘

여러분은 문자를 보낼 때 어떻게 합니까? 요즘 사람들은 문자를 보낼 때 글자와
이모티콘(그림말)을 함께 보냅니다. 이렇게 하면 기분이나 감정을 잘 전할 수 있고
재미도 있습니다.

이모티콘은 나라마다 조금씩 다릅니다. 한국에서는 다음과 같이 사용합니다.

웃을 때	ㅋㅋ, ㅎㅎ, ^^
슬플 때	ㅠㅠ, ㅜㅜ
화났을 때	——
고마울 때	ㄱㅅ
'응'이라고 말할 때	ㅇㅇ, ㅇㅋ

여러분 나라에서는 어떤 이모티콘을 사용합니까?

1) 사람들은 왜 이모티콘을 사용해요?
2) 웃을 때 사용하는 이모티콘은 뭐예요?
3) 여러분은 어떤 이모티콘을 자주 사용해요?

선생님
라흐만 씨, 운전면허 시험에 합격했어요?

라흐만
아니요, 떨어졌어요. ㅠㅠ

선생님
시험이 어려웠어요?

라흐만
아니요, 제가 공부를 많이 못 했어요. 😣

선생님
다음에는 꼭 합격할 거예요. 힘내요!!

라흐만
감사합니다. 선생님^^

발음

1. 다음을 듣고 따라 읽으세요.

1) 즐겁겠네요[즐겁껜네요]

2) 좋겠네요[조켄네요]

3) 무슨 일[무슨 닐]

2. 다음을 듣고 연습해 보세요.

1) 가: 오랜만에 가족들과 여행을 가요.
   나: 즐겁겠네요.

2) 가: 이번에 장학금을 받았어요.
   나: 기분이 좋겠네요.

3) 가: 고향에 무슨 일로 가요?
   나: 오빠가 결혼해요.

배운 어휘 확인

- ☐ 기분이 좋다
- ☐ 기쁘다
- ☐ 행복하다
- ☐ 신나다
- ☐ 반갑다
- ☐ 즐겁다
- ☐ 기분이 안 좋다
- ☐ 슬프다
- ☐ 외롭다
- ☐ 화나다
- ☐ 걱정되다
- ☐ 짜증나다
- ☐ 답답하다

7

집들이니까 세제나 휴지를 가져갈게요

- 누가 어디에 갔어요?
- 여러분은 한국에서 다른 사람 집에
  가 봤어요?

🔍 무슨 일로 다른 사람들을 초대해요? 그리고 무엇을 해요?

🔍 여러분 고향에서는 언제 손님을 초대해요? 손님을 초대한 다음에 뭘 해요?

생일에 손님을 초대해요.
손님을 초대하면 맛있는 음식을
차려서 손님에게 대접해요.

구어에서, 다른 사람의 의견을 물을 때 사용해요.

주말에 집들이를 할 거예요.
슬기 아빠하고 우리 집에 **올래요**?

네, 같이 갈게요.

예문

• 가: 주말에 같이 밥 **먹을래요**?

  나: 미안해요. 약속이 있어서 못 가요.

• 집에 손님들이 오실 거예요. 그러니까
  청소 좀 **할래요**?

• 길이 많이 막혀요. 조금만 더 기다려 **줄래요**?

⊙ -을래요?	• 먹다 → 먹을래요?
	• 읽다 → 읽을래요?
⊙ -ㄹ래요?	• 오다 → 올래요?
	★만들다 → 만들래요?

---

1 친구를 만날 거예요. 친구에게 의견을 물어보세요.

우리 어디에서 만날래요?

보기

만나다

☐ 공원　☐ 집 앞　✓ 커피숍

회사 근처 커피숍에서 만나요.

1)

가다

☐ 영화관　☐ 노래방　☐ 놀이공원

2)

타다

☐ 버스　☐ 택시　☐ 지하철

3)

먹다

☐ 김밥　☐ 짜장면　☐ 떡볶이

---

2 오늘 수업이 끝나고 친구들과 하고 싶은 일이 있어요? 친구에게 물어보세요.

수업 끝나고 같이
밥 먹을래요?

Q 다른 사람을 방문할 때 어떻게 해요?

다른 사람의 집이나 사무실을 방문할 때 미리 연락을 해요.
그리고 약속 시간을 정하는 게 좋아요.

Q 여러분은 다른 사람을 방문할 때 어떻게 했어요?

저는 다른 사람의 집이나 사무실을 방문할 때,
먼저 인사를 한 다음에 명함을 건넸어요.

어떤 일의 이유나 원인을 말할 때 사용해요.

내일 중요한 회의가 있으니까 늦지 마세요.

네, 일찍 오겠습니다.

예문
- 가: 날씨가 좋으니까 산책하러 나갈까요?
  나: 지금은 좀 더우니까 이따가 갑시다.
- 밖에 비가 오니까 우산을 쓰세요.
- 집들이를 하니까 세제나 휴지를 사는 게 어때요?

● -으니까	• 먹다 →	먹으니까
	• 많다 →	많으니까
● -니까	• 사다 →	사니까
	★힘들다 →	힘드니까

Tip '명이다'는 '명이니까'로 사용해요.

---

1 라흐만 씨의 생일 파티를 준비해요. 친구와 이야기해 보세요.

		이유	제안
보기	요일(시간)	토요일에 한국어 수업이 있다	일요일에 만나다
1)	파티 장소	행복 식당에 메뉴가 많다	거기로 가다
2)	선물	라흐만 씨가 꽃을 좋아하다	꽃을 선물하다
3)	할 일	라흐만 씨가 노래를 잘 부르다	식사 후에 노래방에 가다

생일 파티를 언제 할까요?

토요일에 한국어 수업이 있으니까 일요일에 해요.

2 한국 친구가 여러분의 고향에 갈 때 무엇을 준비하면 좋아요? 그 이유는 뭐예요?

우리 고향은 지금 추우니까 두꺼운 옷을 가져가세요.

1 특별한 날에 친구를 초대하려고 해요. 다음과 같이 이야기해 보세요.

고천: 후엔 씨, 이번 주 토요일에 집들이를 할 거예요. 시간 있으면 우리 집에 올래요?

후엔: 네, 갈게요. 그런데 벌써 집 정리 다 했어요? 필요한 거 생각해 보고 얘기해 주세요. 선물로 가져갈게요.

고천: 필요한 거 아무것도 없어요. 그냥 오세요.

후엔: 집들이니까 세제나 휴지를 가져갈게요. 음식도 좀 만들어 가고요.

1) 집들이 | 집 정리를 다 했다 | 집들이, 세제나 휴지
2) 딸 돌잔치 | 딸이 돌이다 | 돌잔치, 금반지나 장난감

2 여러분은 언제 친구를 초대하고 싶어요? 특별한 날에 친구를 초대해 보세요.

다음 주에 생일 파티를 할 거예요. 시간이 괜찮으면 파티에 올래요?

네, 꼭 갈게요.

후엔 씨가 남편과 함께 집들이 선물을 고르고 있어요. 잘 듣고 답해 보세요.

1) 들은 내용과 같으면 ○, 다르면 ✕ 하세요.

❶ 후엔 씨 가족은 집들이에 초대받았어요. (   )

❷ 고천 씨는 녹차 선물을 받았어요. (   )

❸ 후엔 씨는 집들이 선물로 세제나 휴지를 살 거예요. (   )

2) 고천 씨는 왜 후엔 씨 가족을 초대했어요?

_____

1 다음 글을 읽고 질문에 답해 보세요.

받는 사람 　제이슨〈jasonmckay@kmail.com〉
보낸 사람 　박경일〈kipark64@hanmail.com〉
제목 　다음 주에 학교에 오실래요?

제이슨 씨,

안녕하세요. 박경일입니다.
방학 잘 보내셨어요? 미국에서 돌아오셨지요?
곧 개학입니다. 그래서 원어민 선생님들과 함께 먼저 회의를 하고 싶습니다.
다음 주에 언제 시간이 괜찮으세요?
저는 다음 주에 계속 출근하니까 다음 주에 한 번 학교에 오실래요?
메일 확인하시면 답장 주세요.

교장 박경일 드림

1) 교장 선생님이 제이슨 씨에게 이메일을 왜 썼어요? _____

2) 교장 선생님은 제이슨 씨를 언제 만나고 싶어요? _____

3) 메일을 읽은 다음에 제이슨 씨가 무엇을 할까요? _____

2 위 메일에 답장을 써 보세요.

받는 사람 　박경일〈kipark64@hanmail.com〉
보낸 사람 　제이슨〈jasonmckay@kmail.com〉
제목 　re: 다음 주에 학교에 오실래요?

단어장

방학
개학
원어민
확인
답장
교장

집들이 선물

한국에서는 새집으로 이사하면 가족이나 친구, 친척들을 집으로 초대합니다. 이것을 '집들이'라고 합니다. 집들이에 갈 때 사람들은 휴지, 세제 같은 생활용품을 선물합니다. 세제는 "세제의 거품처럼 돈을 많이 벌어서 부자가 되세요." 라는 뜻이 있습니다. 휴지는 잘 풀리기 때문에 모든 일이 잘 풀리기를 바라는 마음으로 휴지를 선물합니다.

1) 한국에서는 새집으로 이사하고 무엇을 해요?
2) 집들이에 갈 때 사람들이 왜 휴지와 세제를 선물해요?
3) 여러분 고향에서는 다른 사람 집에 갈 때 무엇을 선물해요?

7-P.mp3

발음

1. 다음을 듣고 따라 읽으세요.

1) 늦지 않게[늗찌 안케]
2) 막히니까[마키니까]
3) 괜찮지만[괜찬치만]

2. 다음을 듣고 연습해 보세요.

1) 약속 시간에 늦지 않게 오세요.

2) 가: 길이 많이 막히니까 좀 기다려 줄래요?
   나: 네, 천천히 오세요.

3) 가: 녹차도 괜찮지만 세제나 휴지는 어때요?
   나: 그것도 좋아요.

배운 어휘 확인

☐ 집들이	☐ 약속 시간을 정하다
☐ 휴지	☐ 늦지 않게 도착하다
☐ 세제	☐ 노크를 하다
☐ 손님을 맞이하다	☐ 인사를 나누다
☐ 음식을 차리다	☐ 명함을 건네다
☐ 선물을 가져가다	☐ 방학
☐ 돌잔치	☐ 개학
☐ 장난감	☐ 원어민
☐ 금반지	☐ 확인
☐ 손님을 대접하다	☐ 답장
☐ 미리 연락하다	☐ 교장

8

9월부터 한국어 수업을 듣기로 했어요

1	**2**	**3**	**4**
주제	어휘와 문법	활동	문화와 정보
한국어 수업	한국어 수업 신청, 한국어 과정	한국어 수업에 대해 이야기 나누기	사회통합프로그램
	통-기 전에	한국어 과정에 대한	
	통-기로 하다	문자 읽기	

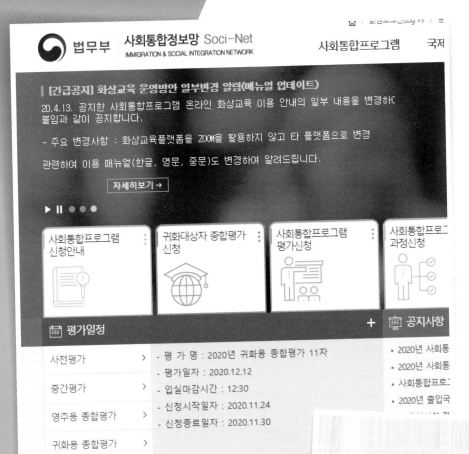

- 홈페이지에서 무엇을 신청할 수 있어요?
- 여러분은 무엇을 신청하고 싶어요?

Q 한국어 수업을 신청하고 싶어요. 친구와 이야기해 보세요.

몇 단계 수업이에요?

신청은 언제해요?

과정명	한국어 초급 2		
강사명	정아라	신청 기간	20XX. 08. 17.~20XX. 08. 30.
과정 기간	20XX. 09. 01.~20XX. 11. 11.	과정 시간	100
신청 인원/정원	16/20	과정 장소	1층 소강의실 3

	날짜	요일	과정 시간	인정 시간
과정 정보	20XX. 09. 01.	토	10:00~18:30	8시간
	20XX. 09. 08.	토	10:00~18:30	8시간
	20XX. 09. 15.	토		

언제부터 수업해요?

수업은 무슨 요일에 해요?

Q 여러분의 한국어 수업을 이야기해 보세요.

과정명이 뭐예요?　　과정 기간은 언제예요?　　인원은 몇 명이에요?

장소는 어디예요?　　수업은 무슨 요일에 해요?　　수업 시간은 언제예요?

동-기 전에

신청하기 전에 수업 시간을 확인했어요?

네, 확인했어요. 수업은 토요일 10시부터 해요.

예문
- 가: 갑자기 일이 생겨서 약속 시간에 조금 늦을 거예요.
  나: 그럼 출발하기 전에 전화 주세요.
- 밥을 먹기 전에 손을 씻으세요.
- 손님이 오기 전에 집을 청소해요.

-기 전에	• 오다	→	오기 전에
	• 읽다	→	읽기 전에
	• 먹다	→	먹기 전에
	• 만들다	→	만들기 전에

1 어떤 일을 하기 전에 뭘 할 거예요? 이야기해 보세요.

보기

기차에서 내리기 전에 짐을 챙겨요.

기차에서 내리다 짐을 챙기다

1)

외출하다
가스레인지를 확인하다

2)

물건을 사다
사이즈를 확인하다

3)

사무실을 나가다
에어컨을 끄다

2 2단계 수업이 끝나기 전에 무엇을 할 거예요?

2단계 수업이 끝나기 전에 토픽 시험을 볼 거예요.

[Q] **2단계를 수료하고 싶어요. 어떻게 해요?**

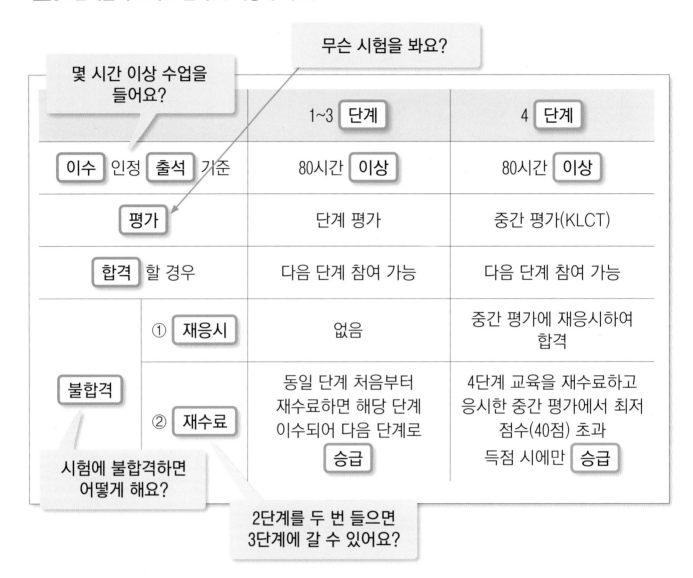

		1~3 단계	4 단계
이수 인정 출석 기준		80시간 이상	80시간 이상
평가		단계 평가	중간 평가(KLCT)
합격 할 경우		다음 단계 참여 가능	다음 단계 참여 가능
불합격	① 재응시	없음	중간 평가에 재응시하여 합격
	② 재수료	동일 단계 처음부터 재수료하면 해당 단계 이수되어 다음 단계로 승급	4단계 교육을 재수료하고 응시한 중간 평가에서 최저 점수(40점) 초과 득점 시에만 승급

말풍선: 무슨 시험을 봐요?

말풍선: 몇 시간 이상 수업을 들어요?

말풍선: 시험에 불합격하면 어떻게 해요?

말풍선: 2단계를 두 번 들으면 3단계에 갈 수 있어요?

[Q] **여러분의 한국어 수업에 대해 이야기해 보세요.**

말풍선: 무슨 수업을 들어요?

말풍선: 이번 학기가 끝날 때 무슨 시험을 봐요?

말풍선: 시험에 합격하려면 어떻게 해요?

동 -기로 하다

계획하거나 결정한 일을 말할 때 사용해요.

예문
- 가: 다음 주부터 휴가지요? 어디 가세요?

  나: 이번에는 아이들과 바다로 가기로 했어요.

- 친구들과 학교 앞 노래방에서 모이기로 했어요.

- 주말에 친구들과 시험공부를 하기로 했어요.

○ -기로 하다
- 가다 → 가기로 하다
- 먹다 → 먹기로 하다
- 앉다 → 앉기로 하다
- 만들다 → 만들기로 하다

---

1 일정표를 보고 계획을 이야기해 보세요.

목요일에 시간 있어요?

목	금	토	일
보기	1)	2)	3)
회사 사람들과 영화	친구와 쇼핑	한국어 시험공부	룸메이트와 청소

목요일에는 회사 사람들과 영화 보기로 했어요.

---

2 여러분은 어떤 특별한 계획이 있어요? 이야기해 보세요.

주말

방학

연휴

1 수업이 끝나고 라흐만 씨와 후엔 씨가 이야기해요. 다음과 같이 이야기해 보세요.

2-8 EBOOK

라흐만: 다음 주에 2단계가 끝나네요.
후엔 씨는 수업을 계속 들을 거예요?

후 엔: 네, 단계 평가 시험에 합격하면 3단계 수업을
신청할 거예요.

라흐만: 3단계도 여기에서 배울 거예요?

후 엔: 아니요, 집이 멀어서 가까운 데서 공부하기로
했어요.

라흐만: 아, 그래요? 저는 여기에서 계속 공부할 거예요.
아쉽네요.

1) 여기 | 집이 멀다, 가까운 데서 공부하다
2) 토요일반 | 시간이 맞지 않다, 평일반으로 바꾸다

2 2단계가 끝나면 어떻게 할 거예요? 친구와 이야기해 보세요.

8-L.mp3

선생님과 잠시드 씨가 이야기해요. 잘 듣고 답해 보세요.

1) 언제 시험이 있어요?

_____

2) 시험 점수는 어떻게 확인해요?

_____

1 한국어 과정 안내와 문자를 읽고 질문에 답해 보세요.

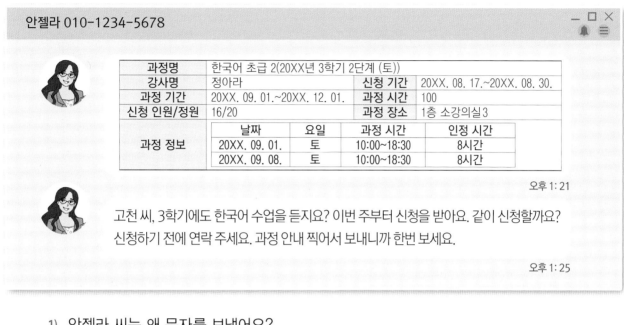

1) 안젤라 씨는 왜 문자를 보냈어요? _____

2) 한국어 초급 2 수업에 대한 설명으로 맞으면 ○, 틀리면 X 하세요.

 ❶ 이 수업은 9월 1일부터 신청해요. ( )

 ❷ 이 수업은 모두 20명까지 들을 수 있어요. ( )

 ❸ 이 수업은 토요일마다 6시간 동안 공부해요. ( )

3) 수업을 듣는 곳은 어디예요? _____

2 〈메모〉를 보고 한국어 수업을 같이 듣고 싶은 친구에게 문자를 써 보세요.

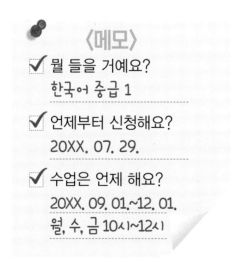

사회통합프로그램

한국에는 이민자의 한국 적응을 도와주는 다양한 프로그램이 있습니다. 가장 대표적인 프로그램은 사회통합프로그램입니다. 사회통합프로그램은 0단계부터 5단계까지 있습니다. 0~4단계는 '한국어와 한국문화'를, 마지막 5단계에서는 '한국사회이해'를 배웁니다. 5단계까지 이수하면 국적 취득 필기시험을 보지 않아도 됩니다. 사회통합프로그램 교육 기관이 점점 많아지고 있습니다. 그래서 이민자들의 사회통합프로그램 참가 기회가 많아졌습니다.

1) 사회통합프로그램은 어떤 프로그램이에요?
2) 요즘 사회통합프로그램 참가가 어려워요?
3) 여러분은 사회통합프로그램에서 무엇을 배우고 싶어요?

발음

1. 다음을 듣고 따라 읽으세요.

1) 합격하면[합껴카면]
2) 듣기로 했어요[듣끼로 해써요]
3) 아쉽네요[아쉼네요]

2. 다음을 듣고 연습해 보세요.

1) 시험에 합격하면 3단계를 공부할 거예요.
   시간이 맞지 않아서 가까운 데서 다닐 거예요.
2) 가: 다음 학기에 수업 들을 거예요?
   나: 아니요, 일이 있어서 2학기부터 듣기로 했어요.
3) 가: 다음 학기는 일이 있어서 쉴 거예요.
   나: 아쉽네요.

배운 어휘 확인

- ☐ 과정명
- ☐ 신청 기간
- ☐ 과정 기간
- ☐ 요일
- ☐ 단계
- ☐ 이수
- ☐ 출석
- ☐ 이상
- ☐ 평가
- ☐ 합격
- ☐ 불합격
- ☐ 재응시
- ☐ 재수료
- ☐ 승급

9

근처에 자주 가는 식당이 있어요

- 이 식당에 사람들이 왜 이렇게 많을까요?
- 여러분은 어떤 식당에 자주 가요?
  왜 그 식당에 자주 가요?

Q 이 음식들을 먹어 봤어요? 맛이 어때요?

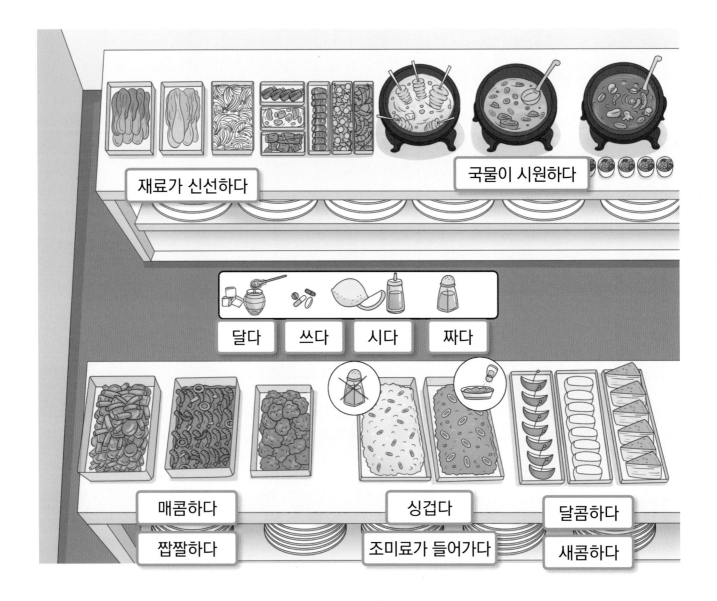

재료가 신선하다

국물이 시원하다

달다 쓰다 시다 짜다

매콤하다 싱겁다 달콤하다

짭짤하다 조미료가 들어가다 새콤하다

Q 이 음식들은 맛이 어때요?

매콤하고 짭짤해요.

어떤 일에 대한 추측을 나타낼 때 사용해요.

이 음식 먹어 봤어요?

아니요, 그런데 아주 매울 것 같아요.

예문
• 가: 저 가방 좀 보세요. 예쁘죠?
  나: 네, 정말 예쁘네요. 그런데 좀 비쌀 것 같아요.
• 구름이 많이 끼었네요. 곧 비가 올 것 같아요.
• 동생이 이 선물을 받으면 아주 좋아할 것 같아요.

◎ -을 것 같다	• 먹다	→ 먹을 것 같다
	★ 맵다	→ 매울 것 같다
◎ -ㄹ 것 같다	• 짜다	→ 짤 것 같다
	★ 달다	→ 달 것 같다

1 그림을 보고 이야기해 보세요.

이 식당에 자리가 있을 것 같아요?

보기

손님이 많아서 자리가 없을 것 같아요.

이 식당에 자리가 있다

손님이 많아서 자리가 없다

1)

여자 친구가 선물을 좋아하다
꽃이 예뻐서 좋아하다

2)

약속 시간에 도착할 수 있다
길이 막혀서 좀 늦다

3)

아이가 자전거를 잘 타다
아빠가 안 잡아 줘서 넘어지다

2 다음에 대해 친구들과 함께 말해 보세요.

내일 날씨

3단계 수업

1년 후의 모습

내일 날씨가 어떨 것 같아요?

내일은 비가 올 것 같아요.

Q 이 식당은 어떤 특징이 있어요?

맛집으로 유명하다

자리가 없다

줄을 서다

밑반찬이 많이 나오다

양이 많다

분위기가 좋다

서비스가 좋다

칸막이가 있다

Q 여러분은 외식할 때 어떤 식당에 자주 가요? 왜 거기에 자주 가요?

집 근처에 있는 식당에 자주 가요.
양도 많고 맛집으로 유명해서 자주 가요.

동 -는

뒤에 오는 명사를 수식하며, 현재 일어나는 동작을 말할 때 사용해요.

와, 식당 앞에 줄 서서 **기다리는** 사람들이 많네요.

네, 유명한 식당이어서 항상 손님들이 많아요.

예문
- 가: 어떤 음식을 좋아해요?
  나: 제가 **좋아하는** 음식은 불고기예요.
- 저기 큰 소리로 **웃는** 사람은 누구예요?
- 제가 **사는** 곳은 인천이에요.

-는
- 먹다 → **먹는**
- 사다 → **사는**
- 하다 → **하는**
- ★만들다 → **만드는**

---

1 친구가 뭘 하고 있어요? 친구를 찾아 보세요.

아나이스
후엔
라흐만
히에우
이링
보기 제이슨

제이슨 씨가 누구예요?

저쪽에서 물을 마시는 사람이 제이슨 씨예요.

2 친구들에게 물어보세요.

좋아하는 음식이 뭐예요?

자주 가는 식당이 있어요?

지금 사는 곳이 어디예요?

지금 하는 일이 뭐예요?

1 회식 장소를 찾고 있어요. 다음과 같이 이야기해 보세요.

2-9 EBOOK

아나이스: 잠시드 씨, 우리 반 회식을 어디에서 하는 게 좋을까요?

잠 시 드: 이 근처에 제가 자주 가는 식당이 있어요. 거기 갈래요?

아나이스: 거기는 어떤 곳이에요?

잠 시 드: 재료도 신선하고 양도 많아요. 그래서 손님이 항상 많아요. 인터넷 검색하면 나와요. 여기 보세요.

아나이스: 와, 여기 정말 맛있을 것 같아요. 여기로 가요.

1) 우리 반 회식 | 자주 가다, 식당 | 재료가 신선하고 양이 많다
2) 고향 사람 모임 | 좋아하다, 카페 | 분위기가 좋고 커피 맛도 좋다

2 한국어 교실의 친구들과 회식을 할 거예요. 어떤 곳으로 갈 거예요? 이야기해 보세요.

 어디에서 회식을 할까요? 학교 근처의 맛집으로 가요.

9-L.mp3

라흐만 씨와 이링 씨가 같이 밥을 먹으러 갈 거예요. 잘 듣고 답해 보세요.

1) 두 사람은 어느 식당에 갈 거예요?

_____

2) 두 사람이 가는 식당 설명으로 맞으면 ○, 틀리면 X 하세요.

❶ 버스 정류장 앞에 있어요.   (   )

❷ 밑반찬이 많이 나와요.   (   )

❸ 항상 자리가 없어요.   (   )

1 **다음 글을 읽고 질문에 답해 보세요.**

오늘 고향 친구가 우리 집에 놀러 와서 외식을 하기로 했습니다. 우리는 먼저 스마트폰으로 검색해 봤습니다. 그리고 맛집으로 유명한 근처 식당을 찾아갔습니다. 식당은 손님이 많아서 자리가 없었습니다. 줄을 서서 기다리는 사람도 몇 명 있었습니다. 우리도 20분 정도 기다린 다음에 들어갔습니다. 음식이 다 맛있을 것 같아서 메뉴 세 개를 시켰습니다. 처음에는 많을 것 같았지만 우리는 다 먹을 수 있었습니다.

1) 이 사람은 누구와 식당에 갔어요?

2) 식당은 어떤 곳이에요?

3) 음식을 몇 개 주문했어요? 그 음식들을 남겼어요?

2 **여러분이 자주 가는 맛집을 소개해 보세요.**

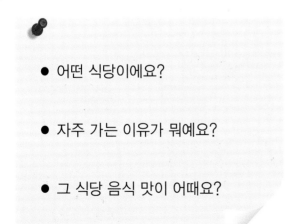

- 어떤 식당이에요?

- 자주 가는 이유가 뭐예요?

- 그 식당 음식 맛이 어때요?

단어장

찾아가다

한국의 배달 앱(App)

한국 사람들은 음식을 배달시킬 때 배달 앱(App)을 자주 이용합니다. 배달 앱으로 주문할 때는 먼저 앱을 열고 음식 종류와 식당을 선택합니다. 음식 종류와 식당을 선택하면 식당 메뉴를 볼 수 있습니다. 다음으로 먹고 싶은 음식을 선택합니다. 그 후에 '주문하기'를 누르고 주소, 전화번호를 쓴 다음에 계산합니다. 계산은 앱에서 카드로 하거나 배달 직원이 왔을 때 현금으로 할 수 있습니다. 배달 앱을 이용하면 아주 편리합니다.

1) 한국 사람들은 어떻게 음식을 배달시켜요?
2) 배달 앱을 이용하면 계산은 어떻게 해요?
3) 여러분 고향에서는 어떤 방법으로 음식을 배달시켜요?

발음

1. 다음을 듣고 따라 읽으세요.

1) 매울 것 같아요[매울 껃 가타요]
2) 없을 것 같아요[업쓸 껃 가타요]
3) 못 먹을 것 같아요[몬 머글 껃 가타요]

2. 다음을 듣고 연습해 보세요.

1) 가: 이거 먹어 봤어요?
   나: 아니요, 안 먹어 봤어요. 그런데 아주 매울 것
   같아요.
2) 가: 학교 앞 식당에 갈래요?
   나: 거기는 항상 손님이 많아서 자리가 없을 것 같아요.
3) 가: 와, 반찬이 정말 많이 나왔네요.
   나: 너무 많아서 다 못 먹을 것 같아요.

배운 어휘 확인

- ☐ 재료가 신선하다
- ☐ 국물이 시원하다
- ☐ 달다
- ☐ 쓰다
- ☐ 시다
- ☐ 짜다
- ☐ 매콤하다
- ☐ 짭짤하다
- ☐ 싱겁다
- ☐ 조미료가 들어가다
- ☐ 달콤하다
- ☐ 새콤하다
- ☐ 자리가 없다
- ☐ 맛집으로 유명하다
- ☐ 줄을 서다
- ☐ 양이 많다
- ☐ 밑반찬이 많이 나오다
- ☐ 분위기가 좋다
- ☐ 서비스가 좋다
- ☐ 칸막이가 있다
- ☐ 찾아가다

복습 1

어휘

※ [1~5] <보기>와 같이 (   )에 들어갈 알맞은 것을 고르세요.

〈보기〉

머리가 아픕니다. 그래서 (   )에 갑니다.

① 학교   ② 시장   ❸ 약국   ④ 공항

1.

제 고향은 산과 강이 있어서 (   )이/가 아름다워요.

① 공기   ② 건물   ③ 교통   ④ 경치

2.

저기 헬멧을 (   ) 사람이 잠시드 씨예요.

① 신은   ② 쓴   ③ 입은   ④ 한

3.

가: 3단계에 가고 싶어요. 어떻게 해야 돼요?

나: 시험에 (   ) 3단계로 올라갈 수 있어요.

① 수료하면   ② 신청하면   ③ 이수하면   ④ 합격하면

4.

가: 사무실 전화번호가 (   )?

나: 031-555-2XXX이에요.

① 어떻게 해요   ② 몇 번이에요   ③ 몇 살이에요   ④ 어디에서 왔어요

5.

가: 어떻게 오셨어요?
나: 열이 많이 나서 왔어요.
가: 그러면 (   )을/를 드릴게요. 하루에 세 번 드세요.

① 연고　　　　　　② 파스　　　　　　③ 소화제　　　　　　④ 해열제

※ [6~8] 다음을 보고 질문에 답하세요.

6.　이 사람은 무엇을 하고 있어요?

① 전화를 끊어요.
② 문자를 지워요.
③ 문자를 보내요.
④ 영상 통화를 해요.

7.　이 신발이 어때요?

① 굽이 길어요.
② 굽이 높아요.
③ 사이즈가 커요.
④ 사이즈가 작아요.

8.　이 사람은 어디가 아파요?

① 기침을 해요.
② 콧물이 나요.
③ 목이 부었어요.
④ 뼈가 부러졌어요.

※ [9~10] 다음 밑줄 친 부분과 의미가 <u>반대</u>인 것을 고르세요.

9.

가: 무슨 일 있어요?

나: 시험을 못 봐서 <u>기분이 안 좋아요</u>.

① 기쁘다   ② 화나다   ③ 걱정되다   ④ 답답하다

10.

가: 제이슨 씨의 고향은 어떤 곳이에요?

나: 제 고향은 도시예요. 그래서 <u>좀 복잡해요</u>.

① 깨끗하다   ② 아름답다   ③ 편리하다   ④ 한적하다

문법

※ [1~5] 〈보기〉와 같이 (   )에 들어갈 가장 알맞은 것을 고르세요.

───── 〈보기〉 ─────

영호 씨는 지금 공원(   ) 운동을 합니다.

① 을   ② 이   ❸ 에서   ④ 에

1.

아나이스 씨가 제일 (   ) 음식은 불고기예요.

① 좋은   ② 좋아한   ③ 좋아할   ④ 좋아하는

2.

저는 보통 청소기를 (   ) 창문을 열어요.

① 돌려서   ② 돌리는데   ③ 돌리지만   ④ 돌리기 전에

3.

이 옷 좀 보세요. 후엔 씨가 입으면 정말 (   ).

① 예쁠게요   ② 예쁘세요   ③ 예쁠 것 같아요   ④ 예쁠 수 있어요

4.

가: 어서 오세요. 뭘 찾으세요?

나: 샌들(   ) 슬리퍼 좀 보여 주세요.

① 도   ② 까지   ③ 부터   ④ 이나

5.

가: 이번 주말에 뭐 해요?

나: 저는 친구 아기 돌잔치에 (   ).

① 가세요   ② 갔어요   ③ 가 주세요   ④ 가기로 했어요

※ [6~10] 다음 밑줄 친 부분과 바꿔 쓸 수 있는 것을 고르세요.

6.

구름이 많이 끼었네요. 곧 비가 <u>올 것 같아요</u>.

① 오겠어요   ② 오네요   ③ 올게요   ④ 오기로 했어요

7.

저는 한국어를 <u>잘하고 싶어서</u> 수업을 계속 들을 거예요.

① 잘하고 싶거나   ② 잘하고 싶으면   ③ 잘하고 싶지만   ④ 잘하고 싶으니까

8.

가: 설거지 다 했어요?

나: 이 영화만 다 <u>보고</u> 할게요.

① 봐서   ② 볼 때   ③ 보는데   ④ 본 다음에

9.

가: 이 식당은 자리가 없네요. 다른 데로 <u>갈까요</u>?

나: 그럼 정문 앞에 있는 식당으로 가요.

① 갈게요   ② 갈래요   ③ 갈 거예요   ④ 갈 것 같아요

10.

| 가: 휴가 때 뭐 했어요?
나: 저는 번지 점프를 <u>했어요</u>. 정말 즐거웠어요. |

① 하겠어요　　　　② 하러 가요　　　　③ 해 봤어요　　　　④ 해 줬어요

※ [11~15] 밑줄 친 부분이 <u>틀린</u> 것을 고르세요.

11. ① 저 음식 정말 <u>맛있겠어요</u>.
　　② 어제 점심에 <u>밥이나</u> 빵을 먹었어요.
　　③ 장을 보러 가기 전에 방 좀 <u>쓸게요</u>.
　　④ 지금 술을 마셔서 <u>운전할 수 없어요</u>.

12. ① 휴가 때 제주도에 꼭 <u>갈 거야</u>.
　　② 장학금을 받아서 <u>행복하겠어요</u>.
　　③ 베트남 전통 옷을 '아오자이'<u>라고 해요</u>.
　　④ 오늘 일찍 퇴근하니까 같이 <u>식사할래요</u>?

13. ① 동생이 결혼해서 <u>기쁘겠어요</u>.
　　② 저는 <u>외로울 때</u> 부모님께 전화해요.
　　③ 길이 많이 <u>막혀서</u> 지하철을 타고 갈까요?
　　④ 이따가 퇴근하고 친구들과 <u>만나기로 했어요</u>.

14. ① 내년에는 고향으로 <u>돌아갈 것 같아요</u>.
　　② 지금은 <u>점심시간이니까</u> 이따가 전화를 거세요.
　　③ 목이 <u>붓었으니까</u> 따뜻한 물을 많이 드시고 푹 쉬세요.
　　④ 한국어 수업을 <u>신청하고 싶으면</u> 홈페이지에서 신청하세요.

15. ① 우리 고향은 교통이 <u>편리하는</u> 곳이에요.
　　② 어제 영화 <u>본 다음에</u> 커피 마시러 갔어요.
　　③ 이 옷 디자인이 예쁘니까 한번 <u>입어 보세요</u>.
　　④ 주말에 고향 음식을 <u>만들어서</u> 가족과 같이 먹었어요.

읽기

※ [1] 다음의 내용과 같은 것을 고르세요.

1.

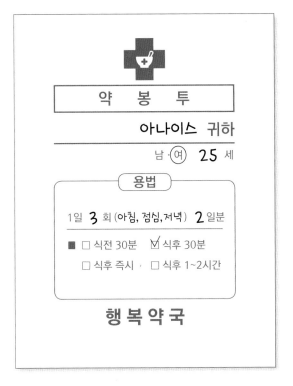

① 이 약은 3일 동안 먹습니다.

② 이 약은 하루에 두 번 먹습니다.

③ 이 약은 밥을 먹기 전에 먹습니다.

④ 이 약은 밥을 먹은 다음에 먹습니다.

※ [2] 다음 (　　　) 안에 알맞은 것을 고르세요.

2.

가: 내일 우리 집에 친구들 오는 거 잊지 않았죠?
나: 그럼요. 집에 사람들이 오니까 미리 집을 좀 치울까요?
가: 좋아요. 나는 청소기를 (　　　) 걸레질을 할게요.
나: 나는 빨래를 개고 음식물 쓰레기를 버릴게요.

① 다린 다음에 　　　　② 닦은 다음에

③ 돌린 다음에 　　　　④ 정리한 다음에

※ [3~5] 다음을 읽고 질문에 답하세요.

3. 다음 글에 대한 설명으로 옳지 <u>않은</u> 것을 고르세요.

> 제 친구 고향은 중국 산시성입니다. 지난여름에 친구도 만나고 여행도 하려고 중국 산시성에 갔습니다. 산시성은 음식이 매우 다양해서 매일 다른 음식을 먹을 수 있었습니다. 그리고 관광지도 많습니다. 특히 태항산이 경치로 유명해서 태항산에 가 봤습니다. 하지만 산이 높고 날씨가 더워서 끝까지 못 올라갔습니다.

① 산시성은 음식 종류가 많습니다.
② 태항산은 경치로 유명한 곳입니다.
③ 여름에는 태항산에 갈 수 없습니다.
④ 지난여름에 친구 고향으로 여행을 갔습니다.

4. 다음 글에 대한 설명으로 옳지 <u>않은</u> 것을 고르세요.

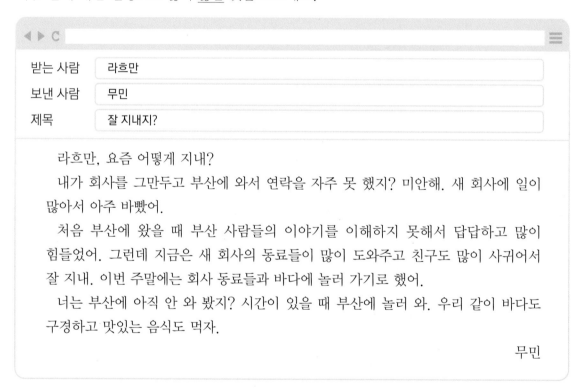

① 무민 씨는 회사 일이 많아서 답답하고 힘듭니다.
② 이번 주말에 무민 씨는 동료들과 바다에 놀러 가기로 했습니다.
③ 무민 씨는 처음에 부산 사람들의 이야기를 이해하지 못했습니다.
④ 무민 씨는 회사 일이 바빠서 라흐만 씨에게 자주 연락하지 못했습니다.

5. 다음 글에 대한 설명으로 옳지 <u>않은</u> 것을 고르세요.

> 한국에서는 새집으로 이사하고 가족이나 친구, 친척들을 집으로 초대합니다. 이것을 '집들이'라고 합니다. 집들이에 초대받은 사람들은 휴지, 세제 같은 생활용품을 많이 선물합니다. 세제는 "빨래할 때 나오는 거품처럼 돈을 많이 벌어서 부자가 되세요."라는 뜻이 있습니다. 휴지는 잘 풀리는 휴지처럼 모든 일이 잘 풀리기를 바라는 마음으로 주는 선물입니다.

① 한국에서는 새집으로 이사하면 집들이를 합니다.
② 한국에서는 집들이 선물로 휴지, 세제 등을 줍니다.
③ 세제 선물은 "거품처럼 돈을 많이 벌어서 부자 되세요."라는 뜻입니다.
④ 한국에서는 새집으로 이사하면 친구, 친척들에게 생활용품을 선물합니다.

※ [6~7] 다음을 읽고 물음에 답하세요.

> 한국에서 쓰레기를 버릴 때 다시 쓸 수 있는 깡통, 병, 플라스틱, 종이 등은 (㉠)를 합니다. 일반 쓰레기는 가게에서 파는 종량제 봉투에 넣어서 버립니다. 음식물 쓰레기는 음식물 쓰레기봉투를 사서 그 안에 넣어서 버리거나, 음식물 쓰레기 종량기에 버리고 돈을 냅니다. 쓰레기를 버리는 날짜와 장소, 쓰레기봉투는 지역마다 다릅니다.

6. ㉠에 들어갈 알맞은 말을 고르세요.

① 정리   ② 재활용
③ 설거지   ④ 분리수거

7. 윗글의 내용과 같은 것을 고르세요.

① 지역마다 쓰레기 버리는 날짜가 다릅니다.
② 깡통, 병, 플라스틱, 종이는 일반 쓰레기입니다.
③ 일반 쓰레기와 음식물 쓰레기는 같이 버립니다.
④ 플라스틱 쓰레기를 버릴 때 종량제 봉투에 넣어서 버립니다.

※ [1~2] 다음 그림을 보고 대화문을 만들어 옆 사람과 대화해 보세요.

1. 기숙사에서 나와 룸메이트

- 룸메이트와 함께 청소를 할 거예요.
- 누가 무슨 일을 할 거예요?

(가: 나 / 나: 룸메이트)

가: _____
나: _____
가: _____
나: _____
가: _____
나: _____

2. 약국에서 약사와 손님

- 어디가 아파서 약국에 왔어요?
- 어떻게 해야 돼요?

(가: 약사 / 나: 손님)

가: _____
나: _____
가: _____
나: _____
가: _____
나: _____

※ [1~2] 다음 대화문에 알맞은 말을 쓰세요.

1.

가: 어제 야근하고 밤 10시에 퇴근했어요.

나: 늦게 퇴근했네요. 지금 많이 (   ).

가: 네, 그래서 벌써 커피를 세 잔 마셨어요.

2.

가: 여기 블로그 좀 보세요. 우리 회사 앞에 식당이 생겼어요.

나: 와, 분위기도 좋고 음식도 (   ).

가: 오늘 점심은 여기 가서 먹을까요?

3. 다음 내용을 포함하여 '우리 동네'라는 제목으로 글을 쓰세요.

   • 내가 사는 곳
   • 우리 동네의 장점과 단점
   • 우리 동네에 대한 나의 생각

10

시청 옆에 있는데 가까워요

- 이 사람들은 무엇을 해요?
- 여러분은 직장이나 학교에서 집까지
  어떻게 가요?

🔍 이 근처에 무엇이 있어요?

무엇이 있어요?

육교가 있어요.

육교

약국이 병원 맞은편에 있다

신호등

왼쪽으로 가다

쭉 가다 똑바로 가다

버스 정류장

횡단보도

오른쪽으로 가다

사거리

지하철역

🔍 다음 장소에 어떻게 가요? 그림을 보고 이야기해 보세요.

약국   은행   PC방

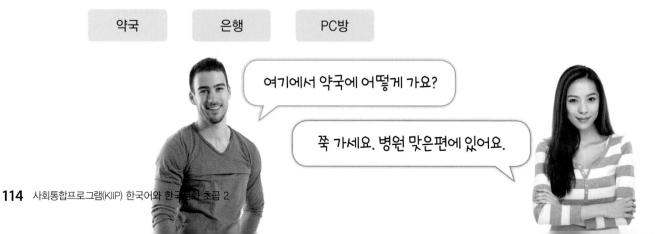

여기에서 약국에 어떻게 가요?

쭉 가세요. 병원 맞은편에 있어요.

뒤에 이어지는 내용에 대한 배경이나 상황을 설명할 때 사용해요.

어디예요?
왜 아직 안 와요?

버스를 기다리는데
버스가 안 와요.

예문
- 가: 죄송하지만 이 근처에 은행이 있어요?
  나: 시청 옆에 있는데 여기에서 가까워요.
- 배고픈데 우리 밥 먹으러 가요.
- 요즘 한국어를 배우는데 아주 재미있어요.

▶ -는데	• 먹다	→ 먹는데
	• 가다	→ 가는데
▶ -은데	• 많다	→ 많은데
	• 좋다	→ 좋은데
▶ -ㄴ데	• 크다	→ 큰데
	• 유명하다	→ 유명한데

Tip '명이다'는 '명인데'를 사용해요.

---

1 그림을 보고 이야기해 보세요.

보기

비가 오는데 우산이 없어요.

비가 오다 우산이 없다

1)

학교 앞에 옷 가게가 많다
옷이 싸고 좋다

2)

부모님 생신이다
한국에 있어서 못 가다

3)

지하철을 탔다
자리가 없다

2 친구와 약속을 해 보세요.

날씨가 좋은데 같이
운동할까요?

네, 좋아요.

미안해요.
시간이 없어요.

Q 회사까지 어떻게 가요?

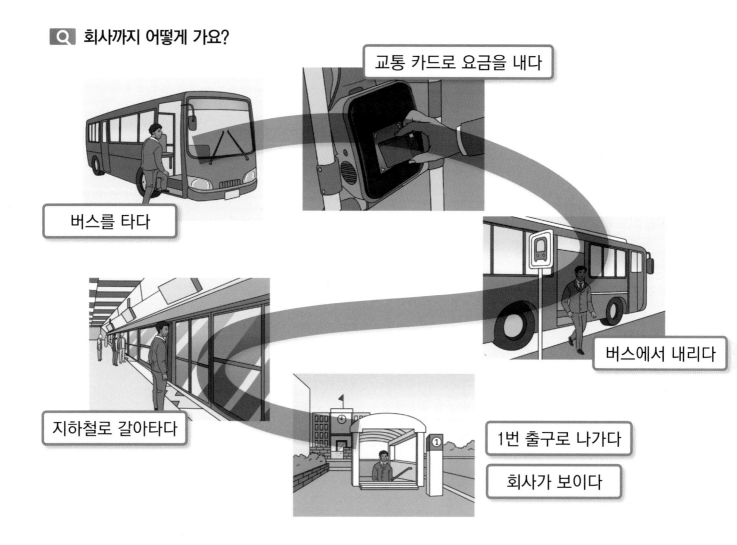

교통 카드로 요금을 내다

버스를 타다

버스에서 내리다

지하철로 갈아타다

1번 출구로 나가다

회사가 보이다

Q 여러분은 한국어 교실에서 집까지 어떻게 가요?

학교 근처에서 20번 버스를 타요.
그리고 호수 공원에서 내려서 지하철로 갈아타요.
그리고 대인시장역에서 내려요.

동 형 -기 때문에

앞 내용이 뒤 내용의 이유임을 나타내요.

택시를 타고 갈까요?

지금은 길이 막히기 때문에 요금이 많이 나올 거예요.

예문

• 가: 라면을 자주 먹어요?

  나: 네, 싸고 맛있기 때문에 자주 먹어요.

• 도시에는 사람이 많기 때문에 교통이 복잡합니다.

• 운동을 열심히 하기 때문에 건강해요.

➡ -기 때문에

• 먹다	➡ 먹기 때문에
• 어렵다	➡ 어렵기 때문에
• 타다	➡ 타기 때문에
• 크다	➡ 크기 때문에

---

1 그림을 보고 이야기해 보세요.

보기

왜 지하철을 타요?

지하철이 버스보다 빠르기 때문에 지하철을 타요.

버스보다 빠르다 | 지하철을 타다

1)

그 커피숍은 분위기가 좋다
손님이 많다

2)

제이슨 씨가 노래를 잘하다
인기가 많다

3)

부모님이 한국에 오시다
주말에 못 만나다

---

2 여러분은 물건을 살 때 주로 어디에서 사요? 왜 거기에서 사요?

싸고 좋은 물건이 많기 때문에 시장에 자주 가요.

디자인이 다양하기 때문에 시내에서 옷을 사요.

1 길을 몰라서 다른 사람에게 물어봐요. 다음과 같이 이야기해 보세요.

2-10 EBOOK

라 흐 만: 저기요, 한국은행을 찾는데 어디에 있어요?

아주머니: 왼쪽으로 쭉 가면 시청이 있어요. 시청 맞은편에 있어요.

라 흐 만: 감사합니다. 그런데 여기에서 얼마나 걸릴까요?

아주머니: 10분쯤 걸려요. 큰 도로 옆에 있기 때문에 금방 찾을 수 있을 거예요.

1) 한국은행 | 왼쪽으로 쭉 가다 | 큰 도로 옆에 있다
2) 병원 | 저기에서 횡단보도를 건너다 | 건물이 아주 크다

2 친구 집에 어떻게 가요? 그림을 보고 이야기해 보세요.

라민 씨 집에 어떻게 가요?

여기에서 육교를 건너면 버스 정류장이 있어요. 버스 정류장 옆에 라민 씨 집이 있어요.

라민 집

10-L.mp3

라민 씨와 안젤라 씨가 이야기해요. 잘 듣고 답해 보세요.

1) 안젤라 씨는 라민 씨를 어디에서 만나요?

_____

2) 안젤라 씨는 거기에 어떻게 가요?

_____

1 다음 글을 읽고 질문에 답해 보세요.

받는 사람　안젤라〈angela21@gmail.com〉
보낸 사람　이링〈yy7970@qq.com〉
제목　　　다음 주 일요일에 조금 일찍 올 수 있어요?

안젤라 씨에게,

　다음 주 일요일에 제 생일 파티가 있는데 기억하지요? 혹시 일찍 와서 좀 도와줄 수 있어요? 친구들이 많이 오기 때문에 음식을 많이 준비할 거예요. 그래서 좀 바쁠 것 같아요. 우리 집에 찾아오는 방법을 알려 줄게요.

　호수 공원 알지요? 공원 앞에서 횡단보도를 건너면 편의점이 있는데 그 옆에 무궁화 아파트가 있어요. 우리 집은 무궁화 아파트 1동 203호예요.

　메일 읽으면 전화 주세요. 고마워요.

이링 씀

1) 이링 씨는 다음 주 일요일에 무엇을 해요? _____

2) 이링 씨는 왜 음식을 많이 준비해요? _____

3) 이링 씨의 집은 어디에 있어요?

❶ 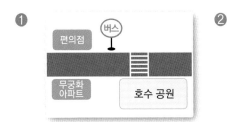 　 ❷ 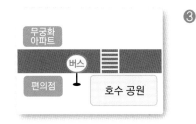 　 ❸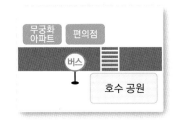

2 생일에 친구를 초대하고 싶어요. 여러분의 집에 가는 방법을 알려 주세요.

우리 집에 찾아오는 방법을 알려 줄게요. _____
_____
_____
_____ .

단어장
기억하다
방법
편의점
아파트

교통 표지판

여러분은 길에서 이런 것(,)을 자주 봅니까? 이것을 교통 표지판이라고 합니다. 교통 표지판은 모양, 색깔, 이미지, 글자로 구성됩니다. ▲는 주의하라는 의미입니다. 그리고 ⊘는 금지의 의미이고 ▲는 가능하다는 것을 나타냅니다. 이렇게 교통 표지판의 모양과 색깔을 보면 의미를 알 수 있습니다.

1) ▲는 무슨 뜻이에요?
2) ⊘는 무슨 뜻이에요?
3) 여러분 나라의 교통 표지판을 소개해 보세요.

조심하세요
(노란색 바탕 + 빨간색 테두리)

위험하니까 조심하세요

어린이와 다닐 때 조심하세요

공사 중이니까 조심하세요

이렇게 하지 마세요
(흰색이나 파란색 바탕+빨간색 테두리)

여기로 다니지 마세요

주차하지 마세요

자전거를 타고 가지 마세요

이렇게 하세요
(파란색 바탕+ 흰색 테두리)

걸어 다니는 사람만 갈 수 있어요

자전거만 다닐 수 있어요

길을 건널 수 있어요

발음

1. 다음을 듣고 따라 읽으세요.

1) 육교[육꾜]

2) 있는데[인는데]

3) 어떻게[어떠케]

2. 다음을 듣고 연습해 보세요.

1) 가: 이 근처에 서점이 있어요?
   나: 네, 저 육교를 지나면 서점이 있어요.

2) 가: 지금 어디에서 기다리는 거예요?
   나: 1번 출구 앞에 있는데 언제 와요?

3) 가: 저 지금 육교 앞에 있는데 어떻게 가요?
   나: 육교를 지나서 똑바로 50m쯤 오세요.

배운 어휘 확인

- ☐ 육교
- ☐ 신호등
- ☐ 횡단보도
- ☐ 버스 정류장
- ☐ 사거리
- ☐ 지하철역
- ☐ 맞은편에 있다
- ☐ 쭉 가다
- ☐ 똑바로 가다
- ☐ 왼쪽으로 가다
- ☐ 오른쪽으로 가다

- ☐ 버스를 타다
- ☐ 교통 카드로 요금을 내다
- ☐ 버스에서 내리다
- ☐ 지하철로 갈아타다
- ☐ 1번 출구로 나가다
- ☐ 회사가 보이다
- ☐ 기억하다
- ☐ 방법
- ☐ 편의점
- ☐ 아파트

11

보름달을 보면서 소원을 빌어요

- 이 사람들은 누구예요?
  모여서 무엇을 하고 있어요?
- 여러분 고향에서는 언제 가족이 함께
  모여요?

🔍 명절에 무엇을 해요?

🔍 여러분 고향에서는 명절에 무엇을 해요?

뒤에 오는 내용의 '정도, 방법' 등을 보충해서 말할 때 사용해요.

슬기야, 맛있게 먹어라.

네, 할머니도 많이 드세요.

예문

• 가: 머리를 어떻게 해 드릴까요?

  나: 날씨가 더우니까 좀 **짧게** 잘라 주세요.

• 명절에는 가족들과 모여서 **재미있게** 놀아요.

• 밤에는 추우니까 옷을 **따뜻하게** 입어야 해요.

➡ -게	• 작다	➡ **작게**
	• 짧다	➡ **짧게**
	• 예쁘다	➡ **예쁘게**
	• 따뜻하다	➡ **따뜻하게**

1 여러분의 생활 습관을 이야기해 보세요.

보기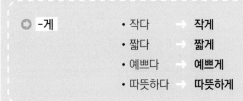

저는 주말에 보통 늦게 일어나요.

늦다	일어나다

1)

크다	듣다

2)

달다	마시다

3)

깨끗하다	청소하다

2 지난 명절에 무엇을 했어요? 어떻게 보냈어요?

• 누구를 만났어요?

• 무슨 음식을 만들었어요?

• 무엇을 하면서 보냈어요?

지난 명절에 고향 친구들을 초대해서 재미있게 놀았어요.

🔍 한국의 명절을 알아보세요. 명절에 무엇을 해요?

🔍 한국에서는 설날과 추석에 무엇을 해요?

설날에는 어른들께 세배를 하고 떡국을 먹어요. 추석에는…

두 가지 이상의 행동이 동시에 일어남을 나타내요.

어젯밤 보름달이 떴는데 봤어요?

네, 한국 친구하고 같이 보름달을 보면서 소원을 빌었어요.

예문

· 가: 어제 친구를 초대해서 뭐 했어요?

  나: 고향 음식을 먹으면서 이야기를 했어요.

· 저는 음악을 들으면서 공부하는 것을 좋아해요.

· 저는 한국 회사에서 일하면서 한국어도 배우고 있어요.

◎ -으면서	· 먹다 → 먹으면서
	· 읽다 → 읽으면서
	★ 듣다 → 들으면서
◎ -면서	· 오다 → 오면서
	· 만나다 → 만나면서

1 명절의 모습이에요. 사람들이 무엇을 해요?

보기

새해 복 많이 받으세요.

새해 인사를 하면서 세배를 해요.

새해 인사를 하다   세배를 하다

1)

떡국을 먹다
이야기하다

2)

TV를 보다
송편을 빚다

3)

부모님 생각을 하다
차례를 지내다

2 여러분은 두 가지 일을 같이 할 때가 있어요? 이야기해 보세요.

저는 TV를 보면서 밥을 먹어요.

저는 음악을 들으면서 운동해요.

1 이링 씨와 팀장님이 명절에 대해 이야기해요. 다음과 같이 이야기해 보세요.

2-11 EBOOK

이링: 내일부터 설 연휴네요. 팀장님은 이번 연휴에 고향에 가세요?

팀장: 네, 내일 아침 일찍 출발할 거예요. 이링 씨는 어떻게 보낼 거예요?

이링: 저는 고향 친구들을 초대해서 같이 보낼 거예요. 한국 사람들은 보통 뭘 하면서 보내요?

팀장: 차례를 지내고 어른들께 세배를 해요. 오랜만에 친척들이 모이니까 명절 음식을 같이 먹으면서 재미있게 보내요.

1) 고향 친구들을 초대해서 같이 보내다 | 어른들께 세배를 하다
2) 고향의 명절 음식을 만들어 먹다 | 떡국을 먹다

2 여러분 고향에는 어떤 명절이 있어요? 친구와 이야기해 보세요.

11-L.mp3

라흐만 씨와 제이슨 씨가 명절 연휴 이야기를 해요. 잘 듣고 답해 보세요.

1) 라흐만 씨는 연휴를 어떻게 보냈어요?

_____

2) 제이슨 씨가 연휴에 하지 않은 것을 고르세요.

❶ 한옥 마을에 갔어요.

❷ 송편을 만들었어요.

❸ 한복을 입어 봤어요.

❹ 고향 음식을 만들었어요.

1 다음 글을 읽고 질문에 답해 보세요.

　한국의 대표적인 명절은 설날과 추석입니다. 설날은 새해가 시작되는 날입니다. 설날에는 보통 가족, 친척들이 모여서 차례를 지내고 윗사람에게 세배를 합니다. 그러면 윗사람은 아랫사람에게 덕담을 하면서 세뱃돈을 줍니다. 설날에는 보통 떡국을 먹습니다.

　추석은 한 해의 농사가 잘 끝난 것을 조상들에게 감사드리는 날입니다. 추석에는 보통 성묘를 가거나 집에서 차례를 지냅니다. 이날에는 송편을 먹고, 보름달을 보면서 소원을 빕니다.

1) 한국에는 어떤 명절이 있어요?

_____

2) 설날에 하는 것을 <u>모두</u> 고르세요.

　❶ 차례를 지내요.　　　❷ 세배를 해요.

　❸ 송편을 만들어요.　　❹ 보름달을 봐요.

3) 추석은 무슨 날이에요?

_____

2 여러분 고향의 명절을 소개해 보세요.

・ 명절 이름이 뭐예요?

・ 언제예요?

・ 그날 뭐 해요?

단어장
대표적
덕담
한 해
농사
조상

한국의 명절

　요즘 한국 사람들은 설과 추석을 대표적인 명절이라고 생각합니다. 그러나 옛날에는 정월 대보름, 한식, 단오, 동지도 큰 명절이었습니다. 정월 대보름은 음력 1월 15일로 한 해의 첫 보름달이 뜨는 날입니다. 대보름에는 오곡밥과 나물, 호두나 땅콩 같은 부럼을 먹습니다. 한식은 양력 4월 5일이나 6일이고 찬 음식을 먹습니다. 단오는 한 해 농사의 풍년을 바라는 날로 음력 5월 5일입니다. 동지는 일 년 중 밤이 가장 긴 날입니다. 양력 12월 22일이나 23일이고 팥죽을 먹습니다.

부럼

1) 정월 대보름에는 무엇을 먹어요?
2) 단오는 언제예요?
3) 여러분 고향에는 어떤 명절이 있어요?

동지, 팥죽

발음

1. 다음을 듣고 따라 읽으세요.

1) 짧게[짤께]
2) 밝았지요[발갇찌요]
3) 끓여서[끄려서]

2. 다음을 듣고 연습해 보세요.

1) 가: 머리를 어떻게 해 드릴까요?
   나: 날씨가 더우니까 짧게 잘라 주세요.

2) 가: 어젯밤 보름달이 참 밝았죠? 봤어요?
   나: 네, 보름달을 보면서 소원을 빌었어요.

3) 가: 한국에서는 설날에 무슨 음식을 먹어요?
   나: 떡국을 끓여서 먹어요.

배운 어휘 확인

☐ 고향에 내려가다   ☐ 세배를 받다

☐ 친척   ☐ 떡국

☐ 가족이 모이다   ☐ 추석(음력 8월 15일)

☐ 서로 안부를 묻다   ☐ 송편을 빚다

☐ 성묘를 하다   ☐ 보름달

☐ 차례를 지내다   ☐ 소원을 빌다

☐ 윷놀이   ☐ 대표적

☐ 연날리기   ☐ 덕담

☐ 제기차기   ☐ 한 해

☐ 설날(음력 1월 1일)   ☐ 농사

☐ 세배를 하다   ☐ 조상

정월 대보름, 오곡밥과 나물

12

실수를 자주 하는 편이에요

- 이 사람들에게 어떤 일이 생긴 것 같아요?
- 여러분도 한국말을 잘 못해서 실수를 자주 해요?

🔍 **여러분은 이럴 때 기분이 어때요?**

당황하다

창피하다

무섭다

속상하다

우울하다

그립다

> 한국어 공부를 열심히 했어요.
> 그런데 점수가 나빠서 속상해요.

🔍 **여러분은 한국에 처음 왔을 때 어떤 경험을 했어요? 그때 기분이 어땠어요? 이야기해 보세요.**

> 화장실 안에 휴지통이 없어서 당황했어요.

동 -은 적이 있다

과거 사건이나 경험을 이야기할 때 사용해요.

예문

• 가: 미호 씨, 비빔밥 먹어 봤어요?

  나: 네, 먹은 적이 있어요.

• 저는 가방을 잃어버린 적이 있어요.

• 고등학교 때는 밤을 새워 공부한 적이 많이 있어요.

➡ -은 적이 있다	• 먹다	➡ 먹은 적이 있다
	• 읽다	➡ 읽은 적이 있다
	★ 걷다	➡ 걸은 적이 있다
➡ -ㄴ 적이 있다	• 가다	➡ 간 적이 있다
	• 보다	➡ 본 적이 있다

---

1 한국에서 어떤 경험을 했는지 이야기해 보세요.

한국 음식을 만든 적이 있어요?

보기

한국 음식을 만들다

갈비찜, 김밥, 김치

네, 갈비찜을 만든 적이 있어요. 조금 짰지만 맛있게 먹었어요. 그래서 기분이 좋았어요.

1) 다른 도시에 가 보다

바닷가에 가다
혼자 여행을 떠나다
처음 간 도시에서 밤거리를 걷다

2) 안 좋은 일이 생기다

한국 친구와 다투다
시험을 못 보다
아파서 병원에 가다

3) 실수하다

윗사람에게 반말을 하다
길을 잃어버리다

---

2 여러분은 특별한 경험을 한 적이 있어요? 이야기해 보세요.

저는 공항에서 아이돌 가수를 만난 적이 있어요. 정말 멋있었어요.

Q 한국에서 이런 경험을 한 적이 있어요?

윗사람에게 반말을 하다

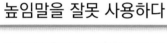

높임말을 잘못 사용하다

윗사람의 이름을 부르다

한 손으로 물건을 드리다

한국 사람 이야기를 못 알아듣다

글자를 잘못 읽다

잘못 발음하다

신발을 신고 들어가다

노약자석에 앉다

사람을 잘못 보다

시어머니께 반말을 한 적이 있어요.

Q 여러분은 한국에서 어떤 실수를 했어요? 이야기해 보세요.

버스에서 아무 생각 없이 노약자석에 앉았어요.
사람들이 이상하게 쳐다봐서 당황했어요.

동 형 -는 편이다

어떤 일에 대해 대체로 어떤 쪽에 가깝다고 평가할 때 사용해요.

한국 음식을 잘 드세요?

네, 전 한국 음식을 잘 먹는 편이에요.

예문
- 가: 기숙사 방에 가 봤어요? 커요?
  나: 네, 지난번 방보다 큰 편이에요.
- 요즘은 회사 일이 조금 한가한 편이에요.
- 저는 일찍 자고 일찍 일어나는 편이에요.

-는 편이다	• 읽다	→	읽는 편이다
	• 만나다	→	만나는 편이다
-은 편이다	• 높다	→	높은 편이다
	• 얇다	→	얇은 편이다
-ㄴ 편이다	• 크다	→	큰 편이다
	• 바쁘다	→	바쁜 편이다

---

1 여러분은 다음 일을 얼마나 자주 해요? ✔ 하고 이야기해 보세요.

보기	운동을 하다
1)	인스턴트 음식을 먹다
2)	술을 마시다
3)	친구를 만나다
4)	고향 친구나 가족에게 전화하다

전혀 안   거의 안   자주   항상
0%   50%   100%

운동을 자주 하는 편이에요?

아니요, 회사 일이 바빠서 거의 안 하는 편이에요.

---

2 한국어 수업과 우리 반 친구에 대해 이야기해 보세요.

우리 수업은 숙제가 많은 편이에요.

어휘가 쉬운 편이에요.

1 고천 씨와 후엔 씨가 실수에 대해 이야기해요. 다음과 같이 이야기해 보세요.

고천: 후엔 씨는 한국말을 잘하니까 좋겠어요.

후엔: 아니에요. 저도 **가끔 실수를 해요.** 며칠 전에도
시장에서 물건값을 잘못 알아들었어요.
그때 **창피했어요.**

고천: 그 정도는 괜찮은 편이에요. 저는 며칠 전에
택시 기사님이 제 말을 잘못 알아들어서
다른 곳으로 갔어요.

후엔: 한국말은 정말 쉽지 않아요.

1) 가끔 실수하다 | 창피하다 | 택시 기사님이 제 말을 잘못 알아들어서 다른 곳으로 가다
2) 아직 한국어를 잘 못하다 | 속상하다 | 집 주소를 잘못 써서 물건이 다른 집으로 가다

2 여러분은 한국에서 실수를 한 적이 있어요? 이야기해 보세요.

안젤라 씨와 드미트리 씨가 이야기해요. 잘 듣고 답해 보세요.

1) 드미트리 씨의 실수가 <u>아닌</u> 것을 모두 고르세요.

❶ 과장님께 화를 냈어요.

❷ 과장님께 반말을 했어요.

❸ 과장님의 이름을 불렀어요.

❹ 과장님께 한 손으로 물건을 드렸어요.

2) 안젤라 씨는 어떤 실수를 했어요?

....

1 다음 글을 읽고 질문에 답해 보세요.

저는 출근할 때 마을버스를 자주 탑니다. 그런데 한국어를 잘 못해서 버스에서 당황한 기억이 있습니다. 보통 단말기에 교통 카드를 대면 "삑", 또는 "환승입니다."라고 합니다. 그리고 내릴 때는 "하차입니다."라고 합니다. 그런데 그날은 교통 카드를 댔을 때 "잔액이 부족합니다."라고 했습니다. 저는 '잔액'의 뜻을 몰라서 당황했습니다. 그때 한국인 동료가 무슨 말인지 알려 주면서 버스 요금을 내 주었습니다. 너무 고마웠습니다.

1) 잠시드 씨는 회사에 갈 때 어떻게 가요?

_____

2) 잠시드 씨는 왜 당황했어요?

❶ 버스를 잘못 타서

❷ 버스 요금을 몰라서

❸ 교통 카드 잔액이 부족해서

3) 한국인 동료는 어떻게 도와주었어요?

_____

2 한국에서 실수한 경험을 써 보세요.

언제: _____

어디에서: _____

무슨 실수를 했어요?

_____

_____

_____

단어장
단말기
대다
환승
하차
잔액
동료

한국의 '우리' 문화

여러분은 '우리 가족', '우리 회사', '우리 반'처럼 '우리'라는 말을 들어본 적이 있습니까? 원래 '우리'는 말하는 사람과 듣는 사람을 함께 의미하는 말입니다. 그러나 한국 사람들은 '나'를 의미할 때에도 '우리'를 씁니다. '나'보다도 '내가 속한 공동체'를 중요하게 생각하기 때문입니다.

1) '우리 학교', '우리 회사'에서 '우리'는 무엇을 의미해요?
2) 한국 사람들은 왜 '우리'라는 말을 사용해요?
3) 여러분 고향에도 '우리'와 비슷한 말이 있어요?

우리 가족

우리 학교

우리 반

우리 회사

12-P.mp3

1. 다음을 듣고 따라 읽으세요.

1) 물건값[물건깝]

2) 잃어버렸어요[이러버려써요]

3) 얇은 편이에요[얄븐 펴니에요]

2. 다음을 듣고 연습해 보세요.

1) 물건값을 잘못 알아들었어요.

2) 가: 무슨 일 있어요?
   나: 지갑을 잃어버렸어요.

3) 가: 지금 입고 있는 옷이 어때요?
   나: 이 옷은 얇은 편이에요.

배운 어휘 확인

☐ 당황하다

☐ 창피하다

☐ 무섭다

☐ 속상하다

☐ 우울하다

☐ 그립다

☐ 반말을 하다

☐ 이름을 부르다

☐ 한 손으로 물건을 드리다

☐ 못 알아듣다

☐ 글자를 잘못 읽다

☐ 잘못 발음하다

☐ 신발을 신고 들어가다

☐ 노약자석에 앉다

☐ 사람을 잘못 보다

☐ 단말기

☐ 대다

☐ 환승

☐ 하차

☐ 잔액

☐ 동료

13

소포를 보내려고 하는데요

2.우편서비스

- 이 사람들은 어디에서 무엇을 해요?
- 여러분은 우체국이나 은행에 자주 가요?

Q 우체국에서 무엇을 해요?

소포를 보내다

편지를 보내다

택배를 보내다

등기

국제 특급 우편(EMS)

Q 편지를 보낼 때 무엇을 써요?

주소를 쓰다

보내는 사람
서울특별시 강서구 금낭화로 154
국립국어원

`0` `7` `5` `1` `1`

우표를 붙이다

2180 대한민국

편지 봉투

받는 사람
경기도 안산시 단원구 부부로 45
카림(Karim Rezaul)

`1` `5` `3` `7` `8`

우편 번호를 쓰다

동 -으려고 하다

어떤 일을 할 마음이 있음을 나타낼 때 사용해요.

어떻게 오셨어요?

이엠에스(EMS)를 보내려고 해요.

예문
• 가: 누구한테 편지를 쓰려고 해요?

  나: 부모님께 쓰려고 해요.

• 평일에는 시간이 없어요.

  그래서 주말에 한국어 수업을 들으려고 해요.

• 비가 와서 오늘은 집에 있으려고 해요.

-으려고 하다	먹다 →	먹으려고 하다
	읽다 →	읽으려고 하다
-려고 하다	가다 →	가려고 하다
	★만들다 →	만들려고 하다

---

1 무엇을 하려고 해요? 이야기해 보세요.

보기

무엇을 하려고 해요?

피곤해서 좀 쉬려고 해요.

쉬다

1)

이메일을 보내다

2)

친구를 만나다

3)

고향에 갔다 오다

---

2 여러분은 무엇을 하려고 해요? 이야기해 보세요.

곧 어머니의 생신이에요.
그래서 선물을 준비하려고 해요.

🔍 은행에서 무엇을 해요?

입금하다
(돈을 넣다)

출금하다
(돈을 찾다)

현금 자동 인출기(ATM)를 이용하다

돈을 바꾸다
(환전하다)

계좌를 개설하다
(통장을 만들다)

신용 카드/
체크 카드를 만들다

공과금을 납부하다

돈을 보내다
(송금하다)

🔍 여러분은 은행에 자주 가요? 거기에서 무엇을 해요?

저는 은행에 가서 통장을 만들었어요.

통 -어야 되다

어떤 행위를 해야 할 의무가 있거나 필요가 있음을 나타낼 때 사용해요.

통장을 만들려고 하는데요. 어떻게 해야 돼요?

먼저 이 신청서를 쓰셔야 돼요.

누리은행

예문

· 가: 회사에 몇 시까지 가야 돼요?

　나: 아홉 시까지 가야 돼요.

· 신용 카드를 만들 때 신분증이 있어야 돼요.

· 방이 더러워서 청소를 해야 돼요.

○ -아야 되다	· 찾다	→ 찾아야 되다
	· 만나다	→ 만나야 되다
○ -어야 되다	· 읽다	→ 읽어야 되다
	· 만들다	→ 만들어야 되다
○ -해야 되다	· 일하다	→ 일해야 되다
	· 서명하다	→ 서명해야 되다

---

1 다음 사람들은 무엇을 해야 돼요?

보기

라민은 무엇을 해야 돼요?

통장을 만들어야 돼요.

라민 ｜ 통장을 만들다

1)

박민수 ｜ 30분 정도 기다리다

2)

라흐만 ｜ 돈을 찾다

3)

김성민 ｜ 헬멧을 쓰다

---

2 여러분은 무엇을 하고 싶어요? 어떻게 해야 돼요?

저는 한국어를 잘하고 싶어요. 어떻게 해야 돼요?

한국 사람과 이야기를 많이 해야 돼요.

1 우체국에서 후엔 씨와 직원이 이야기해요. 다음과 같이 이야기해 보세요.

2-13 EBOOK

후엔: 안녕하세요? 베트남에 소포를 보내려고 하는데요.

직원: 이 안에 뭐가 들어 있어요?

후엔: 옷하고 화장품요.

직원: 일반하고 특급이 있는데 어떤 걸로 하실 거예요?

후엔: 일반으로 할게요. 오늘 보내면 베트남에 언제 도착해요?

직원: 보통 4일에서 7일 정도 걸려요. 다음 주말까지는 도착할 거예요.

1) 베트남 │ 옷, 화장품 │ 일반   2) 우즈베키스탄 │ 서류 │ 특급

2 우체국에서 손님과 직원이 되어서 택배를 보내는 대화를 해 보세요.

택배를 보내려고 하는데요.

안에 뭐가 들어 있어요?

여기에 올려 놓으세요.

13-L.mp3

라흐만 씨가 은행에서 이야기해요. 잘 듣고 답해 보세요.

1) 라흐만 씨는 무엇을 만들려고 해요? <u>모두</u> 고르세요.

☐ 신분증   ☐ 통장   ☐ 체크 카드   ☐ 신용 카드

2) 라흐만 씨는 어떻게 해야 돼요?

_____. 그리고 _____.

1 다음 글을 읽고 질문에 답해 보세요.

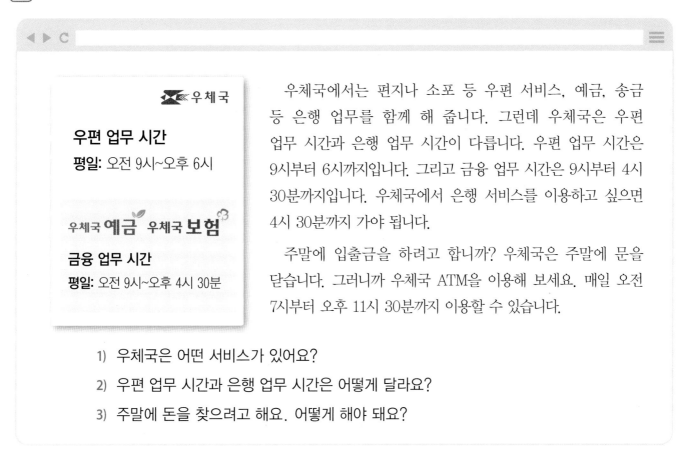

우체국에서는 편지나 소포 등 우편 서비스, 예금, 송금 등 은행 업무를 함께 해 줍니다. 그런데 우체국은 우편 업무 시간과 은행 업무 시간이 다릅니다. 우편 업무 시간은 9시부터 6시까지입니다. 그리고 금융 업무 시간은 9시부터 4시 30분까지입니다. 우체국에서 은행 서비스를 이용하고 싶으면 4시 30분까지 가야 됩니다.

주말에 입출금을 하려고 합니까? 우체국은 주말에 문을 닫습니다. 그러니까 우체국 ATM을 이용해 보세요. 매일 오전 7시부터 오후 11시 30분까지 이용할 수 있습니다.

우편 업무 시간
평일: 오전 9시~오후 6시

금융 업무 시간
평일: 오전 9시~오후 4시 30분

1) 우체국은 어떤 서비스가 있어요?
2) 우편 업무 시간과 은행 업무 시간은 어떻게 달라요?
3) 주말에 돈을 찾으려고 해요. 어떻게 해야 돼요?

2 누구에게 택배를 보내려고 해요? 택배 신청서를 써 보세요.

단어장

우편 업무
은행 업무
금융
예금
보험
업무 시간
내용물

한국의 주소

한국은 도로명 주소를 사용합니다. 도로명 주소는 도로 이름과 건물 번호로 표기합니다. 한국의 주소를 쓸 때는 '도시 이름, 도로명과 건물 번호'처럼 큰 장소에서 작은 장소의 순서로 씁니다. 예를 들어 서울출입국·외국인청의 주소는 '서울특별시 양천구 목동동로 151 서울출입국·외국인청' 입니다.

1) 한국의 도로명 주소는 무엇으로 표기해요?

2) 한국의 주소를 쓰는 순서는 무엇이에요?

3) 여러분 고향에서는 주소를 어떻게 써요?

발음

1. 다음을 듣고 따라 읽으세요.

1) 택배[택빼]

2) 우편 번호[우편 버노]

3) 옷하고[오타고]

2. 다음을 듣고 연습해 보세요.

1) 친구한테 택배를 보내요.

2) 우편 번호가 뭐예요?

3) 가: 이엠에스(EMS)를 보내고 싶은데요.
   나: 안에 뭐가 들어 있어요?
   가: 옷하고 화장품요.

배운 어휘 확인

☐ 편지를 보내다

☐ 택배를 보내다

☐ 소포를 보내다

☐ 등기

☐ 국제 특급 우편(EMS)

☐ 주소

☐ 우표를 붙이다

☐ 우편 번호

☐ 편지 봉투

☐ 계좌를 개설하다(통장을 만들다)

☐ 입금하다(돈을 넣다)

☐ 출금하다(돈을 찾다)

☐ 돈을 바꾸다(환전하다)

☐ 현금 자동 인출기(ATM)를 이용하다

☐ 신용 카드/체크 카드를 만들다

☐ 공과금을 납부하다

☐ 돈을 보내다(송금하다)

☐ 우편 업무

☐ 은행 업무

☐ 금융

☐ 예금

☐ 보험

☐ 업무 시간

☐ 내용물

14

비자 연장 신청을 하려면 어떻게 해야 돼요?

- 이 사람들은 지금 어디에서 무엇을 해요?
- 여러분은 공공 기관에 가서 주로 무엇을 해요?

🔍 구청이나 행정 복지 센터(주민 센터)에서 무엇을 해요?

출생 신고를 하다

전입 신고　　　출생·혼인·사망 신고　　　증명 발급

주소 변경 신고를 하다

증명서를 받다

혼인 신고를 하다

🔍 보건소에서 무엇을 해요?

X-RAY

예방 주사를 맞다

건강 검진을 받다

건강 진단서를 받다

구청에서 무엇을 해요?

주소 변경 신고를 해요.

🔍 여러분은 어떤 공공 기관을 이용해 봤어요? 거기에서 무엇을 했어요?

시청, 구청, 면사무소,
주민 센터, 보건소, 경찰서 등

저는 보건소에 가서 건강 검진을 받았어요.

동 -어도 되다

어떤 행위나 상태를 허락하거나 허용함을 나타낼 때 사용해요.

예문
- 가: 이 옷 입어 봐도 돼요?
- 나: 네, 입어 보세요.

- 인터넷으로 주소 변경 신고를 해도 돼요.
- 이 종이들을 버려도 돼요?

-아도 되다	• 받다 → 받아도 되다
	• 오다 → 와도 되다
-어도 되다	• 입다 → 입어도 되다
	• 만들다 → 만들어도 되다
-해도 되다	• 말하다 → 말해도 되다
	• 전화하다 → 전화해도 되다

Tip 부정적인 대답을 할 때는 '-(으)면 안 되다'를 사용해요.

---

1 그림을 보고 이야기해 보세요.

보기

안에 들어가도 돼요?

네, 들어와도 돼요.

들어오다

1)

옷을 입어 보다

2)

여기에서 사진을 찍다

3)

주말에 건강 검진을 받으러 가다

---

2 여러분은 이럴 때 어떻게 말해요? 친구에게 이야기해 보세요.

수업이 있는데 펜을 안 가지고 왔어요.

집에 일이 있어서 일찍 퇴근해야 돼요.

비가 오는데 우산이 없어요.

🔍 **출입국·외국인청에서 무엇을 해요?**

| 외국인 등록증 | 영주권 | 국적 취득/귀화 |

> 출입국 · 외국인청에서 무엇을 신청해요?

> 외국인 등록증을 신청해요.

🔍 **통합 신청서를 써 보세요.**

> 외국인 등록증을
> 다시 받고 싶어요.

> 체류 기간을
> 길게 하고 싶어요.

> 체류 자격을
> 바꾸고 싶어요.

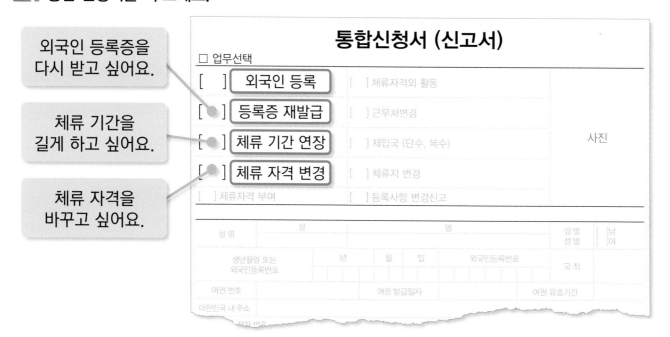

통합신청서 (신고서)

□ 업무선택

[ ] **외국인 등록**   [ ] 체류자격외 활동

[ ] **등록증 재발급**   [ ] 근무처변경

[ ] **체류 기간 연장**   [ ] 재입국 (단수, 복수)   사진

[ ] **체류 자격 변경**   [ ] 체류지 변경

[ ] 체류자격 부여   [ ] 등록사항 변경신고

성명	성	명	성별	[ ]남 [ ]여
생년월일 또는 외국인등록번호	년 월 일	외국인등록번호	국적	
여권 번호		여권 발급일자	여권 유효기간	
대한민국 내 주소				
전화 번호				

> 출입국 · 외국인청에서 무엇을 해요?

> 체류 기간을 연장해요.

🔍 **여러분은 출입국·외국인청에 가서 무엇을 했어요? 이야기해 보세요.**

> 저는 출입국·외국인청에 가서 외국인 등록증을 재발급 받았어요.

어떤 일을 이루기 위한 조건을 말할 때 사용해요.

예문
- 가: 시청에 **가려면** 어떻게 해야 돼요?
  나: 100번 버스를 타세요.
- 비자 연장 신청을 **하려면** 방문 예약을 해야 돼요.
- 감기에 걸리지 **않으려면** 손을 자주 씻으세요.

-으려면	• 먹다	→	먹으려면
	• 읽다	→	읽으려면
-려면	• 가다	→	가려면
	★만들다	→	만들려면

1 그림을 보고 이야기해 보세요.

보기

한국어를 잘하려면
어떻게 해야 돼요?

한국어를 잘하려면
한국 드라마를 많이 봐야 돼요.

한국어를 잘하다 | 한국 드라마를 많이 보다

1)

건강을 지키다
운동을 자주 하다

2)

부자가 되다
돈을 아껴 쓰다

3)

비자 변경 신청을 하다
출입국 · 외국인청에 가다

2 여러분은 무엇을 하고 싶어요? 어떻게 해야 돼요?

말하기와 듣기

1 출입국·외국인청에서 비자 연장 신청을 하려고 해요. 다음과 같이 이야기해 보세요.

2-14 EBOOK

직원: 어서 오세요. 어떻게 오셨어요?

라민: 비자 연장 신청을 하려면 어떻게 해야 돼요?

직원: 여기 신청서를 쓰세요. 사진과 신분증은
　　　가져오셨어요?

라민: 네, 여기 가져왔어요.

직원: 수수료는 6만 원입니다.

라민: 이번에 신청하면 체류 기간이 얼마나 연장돼요?

직원: 최대 2년까지 연장됩니다.

체류 연장

1) 비자 연장 신청을 하다 | 6만 원　　　　2) 외국인 등록증 신청을 하다 | 3만 원

2 여러분은 출입국·외국인청에 가서 주로 무엇을 해요?
손님과 직원이 되어 친구와 이야기해 보세요.

14-L.mp3

라민 씨와 직원이 이야기해요. 잘 듣고 답해 보세요.

1) 라민 씨는 왜 출입국·외국인청에 갔어요?

_____

2) 외국인 등록증을 재발급 받으려면 무엇을 가지고 가야 돼요?

_____

1 다음 글을 읽고 질문에 답해 보세요.

통합신청서 (신고서)

☐ 업무선택

[∨] 외국인 등록	[ ] 체류 자격 외 활동
[ ] 등록증 재발급	[ ] 근무처 변경
[ ] 체류 기간 연장	[ ] 재입국 (단수, 복수)
[ ] 체류 자격 변경	[ ] 체류지 변경
[ ] 체류 자격 부여	[ ] 등록 사항 변경 신고

성 명	성 Anisuru		명 Rahman		성 별 성 별	[∨]남 [ ]여
생년월일 또는 외국인등록번호	년 1 9 7 8	월 0 9	일 2 7	외국인등록번호	국 적	방글라데시
여권 번호	OK1234567		여권 발급일자	2019.05.01	여권 유효 기간	2029.04.30
대한민국 내 주소	경기도 안산시 단원구 부부로 43					
전화번호	없음		휴대 전화		010-1234-5678	
본국 주소	Shaheed Tajuddin Ahmed Ave. Dhaka 1208			전화번호	02)911-7415	
근무처	원 근무처	(주)한국새시	사업자 등록 번호	123-45-67890	전화번호	
	예정 근무처		사업자 등록 번호		전화번호	
신청일	20XX. 08. 01.		신청인 서명 또는 인		RAHMAN	

1) 라흐만 씨는 무엇을 신청했어요?
2) 라흐만 씨는 한국에서 어디에 살아요?
3) 라흐만 씨는 어디에서 일해요?

2 여러분은 공공 기관에 가서 주로 무엇을 해요? 신청서를 써 보세요.

통합신청서 (신고서)

☐ 업무선택

[ ] 외국인 등록	[ ] 체류 자격 외 활동	
[ ] 등록증 재발급	[ ] 근무처 변경	
[ ] 체류 기간 연장	[ ] 재입국 (단수, 복수)	사진
[ ] 체류 자격 변경	[ ] 체류지 변경	
[ ] 체류 자격 부여	[ ] 등록 사항 변경 신고	

성 명	성		명		성 별 성 별	[ ]남 [ ]여
생년월일 또는 외국인등록번호	년	월	일	외국인등록번호	국 적	
여권 번호			여권 발급일자		여권 유효 기간	
대한민국 내 주소						
전화번호	없음		휴대 전화			
본국 주소				전화번호		
근무처	원 근무처		사업자 등록 번호		전화번호	
	예정 근무처		사업자 등록 번호		전화번호	
신청일			신청인 서명 또는 인			

단어장

근무처

체류지

부여

유효 기간

사업자 등록 번호

서명

인

출입국·외국인청(사무소)

외국인이 국내에서 비자 연장 신청을 하거나 외국인 등록증을 발급받으려면 출입국·외국인청이나 출입국·외국인사무소에 가야 합니다.

출입국·외국인청과 출입국·외국인사무소는 전국에 19개소 (출입국·외국인청 6개소, 출입국·외국인사무소 13개소)가 있습니다. 이곳에서 업무를 보려면 인터넷으로 사전 예약을 하고 방문해야 합니다. 그러나 증명서를 발급받거나 외국인 등록증을 받으러 갈 때는 예약하지 않아도 됩니다.

인터넷 사전 예약 방문 서비스를 이용하려면 먼저 하이코리아 (www.hikorea.go.kr)에 접속해야 합니다.

1) 언제 출입국·외국인청을 방문해요?
2) 출입국·외국인청에 사전 예약을 하려면 어떻게 해야 돼요?
3) 여러분은 어느 출입국·외국인청에 가 봤어요?

발음

1. 다음을 듣고 따라 읽으세요.

1) 외국인 등록증[외구긴 등녹쯩]
2) 여권[여꿘]
3) 신분증[신분쯩]

2. 다음을 듣고 연습해 보세요.

1) 외국인 등록증을 신청해요.
2) 외국인 등록증을 발급받으려면 여권이 필요해요.
3) 가: 신분증은 가져오셨어요?
   나: 네, 여기 있어요.

배운 어휘 확인

- ☐ 구청
- ☐ 주민 센터
- ☐ 주소 변경 신고를 하다
- ☐ 출생 신고를 하다
- ☐ 혼인 신고를 하다
- ☐ 증명서를 받다
- ☐ 보건소
- ☐ 건강 검진을 받다
- ☐ 예방 주사를 맞다
- ☐ 건강 진단서를 받다
- ☐ 외국인 등록증
- ☐ 영주권
- ☐ 국적 취득/귀화

- ☐ 통합 신청서(신고서)
- ☐ 외국인 등록
- ☐ 등록증 재발급
- ☐ 체류 기간 연장
- ☐ 체류 자격 변경
- ☐ 근무처
- ☐ 체류지
- ☐ 부여
- ☐ 유효 기간
- ☐ 사업자 등록 번호
- ☐ 서명
- ☐ 인

15

무역 회사에서 번역 일을 하고 있어요

· 이 사람들은 직장에서 지금 무슨 일을 해요?

· 여러분은 직장에서 무슨 일을 해요?

🔍 여러분이 일하는 곳에 무엇이 있어요?

🔍 여러분은 일하는 곳에서 무엇을 자주 사용해요? 이야기해 보세요.

저는 사무실에서 일해요.
저는 사무실에서 복사기와
프린터를 자주 사용해요.

우리 공장에는 기계가
많아요. 그리고 저는 일할 때
공구를 많이 사용해요.

동-고 있다

동작의 진행을 말할 때 사용해요.

오늘 새 상품이 들어왔지요?

네, 제가 지금 정리하고 있습니다.

예문
- 가: 한국에서 무슨 일을 하세요?
  나: 저는 무역 회사에서 번역 일을 하고 있어요.
- 저는 지금 울산에서 살고 있어요.
- 초등학교에서 학생들에게 영어를 가르치고 있어요.

-고 있다		
• 찾다	→	찾고 있다
• 살다	→	살고 있다
• 고치다	→	고치고 있다
• 일하다	→	일하고 있다

1 이 사람들은 지금 뭘 하고 있어요? 이야기해 보세요.

라민 씨는 지금 뭘 하고 있어요?

보기

학교에서 시험을 보고 있어요.

| 라민 | 시험을 보다 |

1)

| 이링 |
| 물건을 판매하다 |

2)

| 후엔 |
| 베트남어를 가르치다 |

3)

| 김성민 |
| 놀이공원에서 놀다 |

2 다음에 대해 '-고 있다'를 사용해서 친구와 이야기해 보세요.

| 지금 사는 곳 | 지금 하는 일 | 지금 배우는 것 |

🔍 여러분은 직장에서 어떤 일을 해요?

출근

서류를 번역하다

서류를 출력하다
서류를 복사하다

팩스를 보내다
이메일을 보내다
확인 전화를 하다

서류를 작성하다

퇴근

출근

기계를 켜다
기계를 끄다

물건을 들다
물건을 올리다
물건을 싣다

물건을 내리다

물건을 만들다

물건을 옮기다

퇴근

🔍 여러분은 직장에서 무슨 일을 해요? 이야기해 보세요.

저는 회사에서 서류를 번역해요.
보통 컴퓨터 앞에서 일해요.

뒤에 오는 명사를 수식하며 과거에 일어난 동작을 말할 때 사용해요.

안젤라 씨, **번역한** 서류 좀 가져오세요.

네, 알겠습니다.

예문

• 가: 히에우 씨, 아까 **도착한** 택배를 저쪽으로 옮겨 주세요.

나: 네, 알겠습니다.

• 이건 고향에 갔을 때 **찍은** 사진이에요.

• 프랑스에서 **온** 아나이스입니다.

-은	• 먹다 → **먹은**
	• 찍다 → **찍은**
-ㄴ	• 가다 → **간**
	★만들다 → **만든**

---

1 누가 그 일을 했어요? 이야기해 보세요.

누가 이 제품을 판매했어요?

주간 업무 일지

업무 내용	담당자
보기 제품을 판매하다	이링
1) 택배를 옮기다	이서준
2) 보고서를 작성하다	김고은
3) 문의 전화를 받다	드미트리

이 제품을 판매한 사람은 이링 씨예요.

---

2 친구에게 지난 일에 대해 물어보고 함께 이야기해 보세요.

주말에 만난 사람

오늘 수업에 오기 전에 한 일

지난 방학(휴가 기간)에 간 곳

어제 회사에서 한 일

말하기와 듣기

1 라흐만 씨와 반장님이 업무 이야기를 해요. 다음과 같이 이야기해 보세요.

2-15 EBOOK

반장님: 라흐만 씨, 오늘도 안전모 잊지 말고 꼭 쓰세요.

라흐만: 네, 반장님.

반장님: 지금 무슨 일을 하고 있어요?

라흐만: 아까 도착한 물건들을 옮기고 있습니다.
그런데 오늘 작업은 얼마나 해야 돼요?

반장님: 3시까지요. 일이 다 끝나면 기계 전원 끄는 거
잊으면 안 돼요.

1) 아까 도착하다 | 기계 전원을 끄다   2) 어제 들어오다 | 깨끗하게 정리하다

2 여러분은 직장에서 어떤 일을 해요? 한국에 오기 전에 어떤 일을 했어요?
친구와 이야기해 보세요.

15-L.mp3

안젤라 씨가 사무실에서 일하고 있어요. 잘 듣고 답해 보세요.

1) 안젤라 씨는 지금 무슨 일을 하고 있어요?

_____

2) 안젤라 씨가 해야 되는 일을 모두 고르세요.

❶ 서류 복사   ❷ 회의 준비

❸ 회의 참석   ❹ 서류 번역

1 다음 글을 읽고 질문에 답해 보세요.

받은 메일

보낸 사람	김정수 과장
제목	안젤라 업무

첨부파일: 제품 구매 확인서

1. 오늘 필리핀에서 온 계약서를 보냅니다. 한국어로 번역 부탁합니다. 내일(금) 3시까지 끝내야 됩니다.

2. 어젯밤에 데이비드 사장이 한국에 도착했습니다. 오늘 회의하러 우리 회사를 방문할 겁니다. 중요한 손님이니까 친절하게 회사 안내 좀 부탁합니다. 그리고 회의 때 통역도 부탁합니다.

1) 안젤라 씨는 어떤 일을 해야 돼요?

❶ 번역　　❷ 판매　　❸ 배송　　❹ 구매

2) 과장님이 시킨 일은 언제까지 해야 돼요? _____

3) 데이비드 사장은 이 회사에 무슨 일로 와요? _____

단어장

통역하다

2 위 과장님의 메일에 답장을 써 보세요.

보내기	미리보기	저장하기

받는 사람	김정수 과장님	주소록
제목	업무 메일 확인했습니다.	

한국 회사의 직위

회사에는 여러 직위가 있습니다. 최근에는 직위의 이름이 다양해졌지만 전통적인 직위 명칭은 사장 – 부사장 – 전무 – 상무 – 이사 – 부장 – 차장 – 과장 – 대리 – 사원입니다. 대체로 사원으로 입사한 후에 일정 기간 일을 하고 능력을 인정받으면 단계적으로 승진을 합니다.

1) 한국 회사에는 어떤 직위가 있어요?
2) 과장보다 높은 직위는 무엇이에요?
3) 여러분 나라의 회사에는 어떤 직위가 있어요?

사장 김 영 수

발음

1. 다음을 듣고 따라 읽으세요.

1) 옮기고[옴기고]
2) 읽고[일꼬]
3) 앉고[안꼬]

2. 다음을 듣고 연습해 보세요.

1) 가: 짐 다 옮겼어요?
   나: 지금 옮기고 있어요.
2) 가: 지금 뭐 하고 있어요?
   나: 책을 읽고 있어요.
3) 가: 학생들은 앞쪽에 앉고 선생님은 뒤쪽에 앉으세요.
   나: 네, 알겠습니다.

배운 어휘 확인

☐ 서류	☐ 출력하다
☐ 명함	☐ 복사하다
☐ 사원증	☐ 팩스
☐ 복사기	☐ 확인
☐ 프린터	☐ 켜다
☐ 출근부	☐ 끄다
☐ 안전모	☐ 들다
☐ 안전화	☐ 올리다
☐ 기계	☐ 싣다
☐ 공구	☐ 내리다
☐ 작성하다	☐ 옮기다
☐ 번역하다	☐ 통역하다

주식회사 한국 ◇

부장 **이명철**

전화 02-1234-5678
이메일 leemc@hankook.co.kr
(01234) 서울시 종로구 세종대로 123

과장 **임은숙**
사번 012345

주식회사 대한

16

그 행사에는 가족이나
친구를 데려가도 되거든요

- 이 포스터와 게시판에서 어떤 소식을 알 수 있어요?
- 여러분은 여러 소식들을 어떻게 알아요?

Q 포스터를 보고 축제에 대해 이야기해 보세요.

한마음 걷기 축제

10월 29일(금)

09:00~14:00

대 상	내·외국인
참 가 비	무료 (기념품 제공)
준 비 물	운동화, 물
문화 공연	가수 및 댄스팀 공연
체험거리	컵, 부채 만들기
장 소	상암동 월드컵 경기장
오시는 길	**버스** 571, 271, 7715, 7011, 9711번 **지하철** 6호선 상암 월드컵 경기장역 1번 출구
신청 및 문의	http://togetherwalk.co.kr, 02-522-8822
주 최	서울출입국·외국인청
후 원	법무부

상암 월드컵 경기장에서 한마음 걷기 축제를 해요.
이 행사에는 한국 사람, 외국 사람 모두 참가할 수 있어요.

Q 여러분이 경험한 행사에 대해 이야기해 보세요.

저는 아이와 함께 어린이날 행사에 참가했어요.
여러 가지 체험거리도 있어서 재미있었어요.

뒤에 오는 명사를 수식하며 미래에 일어날 상황이나 추측, 예정, 의도 등을 나타낼 때 사용해요.

예문
- 가: 다음 학기에도 한국어 수업을 들을 계획이에요?
  나: 네, 신청하려고 해요.
- 내년부터 아르바이트를 할 생각이에요.
- 결혼식 갈 때 입을 옷 좀 사고 싶어요.

-을	• 먹다 → 먹을
	• 찍다 → 찍을
-ㄹ	• 가다 → 갈
	• 보내다 → 보낼

1 여행 계획표를 보고 계획을 이야기해 보세요.

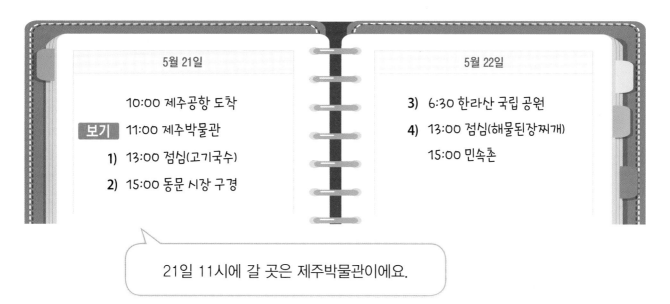

5월 21일

10:00 제주공항 도착
보기 11:00 제주박물관
1) 13:00 점심(고기국수)
2) 15:00 동문 시장 구경

5월 22일

3) 6:30 한라산 국립 공원
4) 13:00 점심(해물된장찌개)
   15:00 민속촌

21일 11시에 갈 곳은 제주박물관이에요.

2 친구에게 계획을 물어보고 여러분의 계획도 이야기해 보세요.

주말에 할 일

생일 파티에 친구나 동료를 초대해서 함께 먹을 음식

고향에 갈 때 가족에게 줄 선물

Q 게시판에서 무엇을 알 수 있어요?

어떤 사람이 잃어버린 지갑을 찾고 있어요.

Q 여러분은 게시판에서 어떤 소식을 봤어요?

저는 게시판에서 동호회 회원 모집 알림을 봤어요.
축구 동호회에서 회원을 모집해요.

동 형 **-거든요**(이유)

구어에서 이유나 사실을 간단하게 말할 때 사용해요.

지금 뭐 해요?

이력서를 쓰고 있어요. 게시판에서 직원 채용 공고를 봤거든요.

예문
- 가: 왜 계단으로 올라가요?

  나: 오늘 엘리베이터 정기 점검을 해서 엘리베이터를 이용할 수 없거든요.

- 오늘 라흐만 씨가 회사에 못 와요. 부모님이 한국에 오시거든요.

- 보부르 씨는 한국어를 잘 못해요. 지난주에 한국에 왔거든요.

○ **-거든요**		
• 먹다	→	**먹거든요**
• 좋다	→	**좋거든요**
• 가다	→	**가거든요**
• 크다	→	**크거든요**

---

1 무슨 일이 있어요? 그 이유는 뭐예요?

보기

아침에 일찍 일어나다
주말에 근무하다
요즘 일이 많다

시험이 있다
숙제가 많다
밤 늦게까지 공부하다

라흐만 씨, 많이 피곤해요?

네, 아침에 일찍 일어났거든요.

---

2 다음에 대해 친구와 이야기해 보세요.

어떤 음식을 좋아해요?

운동을 자주 해요?

휴가에 뭘 하고 싶어요?

누구를 제일 만나고 싶어요?

저는 떡볶이를 좋아해요. 제가 매운 음식을 좋아하거든요.

1 이링 씨가 왕흔 씨에게 행사 소식에 대해 이야기해요. 다음과 같이 이야기해 보세요.

2-16 EBOOK

이링: 왕흔 씨, 다음 주에 한마음 걷기 축제에 같이 갈래요? 가족이나 친구를 데려가도 되거든요.

왕흔: 거기 가서 뭐 하는 거예요?

이링: 여러 사람들이 모여서 함께 걷는 거예요. 또 공연도 볼 수 있고, 여러 가지 체험거리도 있어요.

왕흔: 재미있겠어요. 뭘 준비해야 돼요?

이링: 특별히 준비할 건 없어요. 도시락하고 마실 물은 거기서 줄 거예요.

1) 한마음 걷기 축제 ┃ 여러 사람들이 모여서 함께 걷다
2) 세계인의 날 행사 ┃ 여러 나라 사람들이 모여서 서로의 문화를 소개하다

2 여러분도 친구와 같이 가고 싶은 행사가 있어요? 친구에게 이야기해 보세요.

16-L.mp3

한마음 걷기 축제를 해요. 잘 듣고 답해 보세요.

1) 이 행사의 프로그램이 <u>아닌</u> 것을 고르세요.

❶ 공연 ❷ 무료 진료
❸ 고민 상담 ❹ 전통 의상 체험

2) 기념품은 누가 받을 수 있어요?

_____

1 다음 글을 읽고 질문에 답해 보세요.

외국인 센터에서는 추석날 저녁에 한가위 외국인 축제를 개최합니다. 이번 축제에는 송편 만들기 행사, 외국인 케이팝(K-pop) 노래 대회, 한국어 퀴즈 대회 등 다양한 행사가 준비되어 있습니다. 국내에 거주하는 외국인이면 누구나 참여 가능합니다. 한가위 외국인 축제의 노래 대회, 퀴즈 대회에 참가할 사람들은 이번 달 말까지 외국인 센터 홈페이지에서 신청하시면 됩니다.

한가위 외국인 축제

송편 만들기   한국어 퀴즈 대회

외국인 케이팝(K-pop) 노래 대회

일시 2020년 9월 30일(일) 18:00-21:00
장소 외국인 센터 대강당
참가 신청 기간 2020년 8월 31일 18:00
신청 방법 외국인 센터 홈페이지에서 신청
행사 문의 외국인 센터 사무국(02-123-4567)

1) 이 행사에 참여할 수 있는 사람은 누구예요? _____

2) 이 행사에 어떤 프로그램이 있어요? _____

3) 노래 대회나 퀴즈 대회에 참가할 사람은 어떻게 해야 돼요?

_____

2 여러분 고향에는 어떤 행사(축제)가 있어요?
그 행사(축제)에 대해서 메모하고, 소개하는 글을 써 보세요.

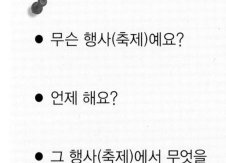

● 무슨 행사(축제)예요?

● 언제 해요?

● 그 행사(축제)에서 무엇을
  보거나 할 수 있어요?

단어장

한가위
개최하다
노래 대회
퀴즈 대회
거주하다
참여하다
가능하다

세계인의 날

한국에 사는 이민자가 점점 늘어나면서 이민자와 한국인이 함께 어울리고 소통하는 장이 필요했습니다. 그래서 매년 5월 20일을 '세계인의 날(Together day)'로 지정했습니다. 세계인의 날은 한국에 사는 이민자와 한국인이 모두 서로를 이해하고 함께 잘 살아가는 사회를 만들기 위한 날입니다. 세계인의 날에는 다양한 행사가 열립니다. 축하 공연, 전시회, 체험 행사, 세계 민속 공연, 사진 공모전 등 여러 행사가 개최됩니다.

1) 세계인의 날은 언제예요?
2) 세계인의 날에는 어떤 행사를 해요?
3) 여러분은 세계인의 날 행사에 참여한 적이 있어요?

5월

MONDAY	TUESDAY	WEDNESDAY	THURSDAY	FRIDAY	SATURDAY	SUNDAY
29	30	1	2	3	4	5
6	7	8	9	10	11	12
13	14	15	16	17	18	19
20	21	22	23	24	25	26
27	28	29	30	31	1	2

발음

1. 다음을 듣고 따라 읽으세요.

1) 걷기[걷끼]

2) 걷는 거[건는 거]

3) 걸었거든요[거럳꺼든요]

2. 다음을 듣고 연습해 보세요.

1) 가: 외국인 걷기 대회에 참가할 거예요?
　　나: 네, 참가하려고 해요.

2) 가: 한마음 걷기 축제가 뭐예요?
　　나: 참가자들이 함께 걷는 거예요.

3) 가: 무슨 일이 있어요? 피곤한 것 같아요.
　　나: 하루 종일 걸었거든요.

배운 어휘 확인

☐ 포스터	☐ 주최	☐ 한가위
☐ 축제	☐ 후원	☐ 개최하다
☐ 대상	☐ 게시판	☐ 노래 대회
☐ 참가비	☐ 주민 모임	☐ 퀴즈 대회
☐ 준비물	☐ 동호회	☐ 거주하다
☐ 문화 공연	☐ 회원	☐ 참여하다
☐ 체험거리	☐ 단수가 되다	☐ 가능하다
☐ 오시는 길	☐ 뽑다	
☐ 문의	☐ 채용 공고	

17

잠을 푹 자면 좋겠어요

- 이 사람들은 건강을 위해서 뭘 해요?
- 여러분은 건강을 위해서 뭘 해요?

🔍 여러분의 건강은 어때요? 보통 어떻게 생활해요?

음식을 골고루 먹다

운동을 꾸준히 하다

잠을 충분히 자다

식사를 규칙적으로 하다

편식이 심하다

운동을 거의 하지 않다

잠이 부족하다

식사가 불규칙하다

 저는 건강한 편이에요. 운동을 꾸준히 하거든요.

🔍 건강한 생활 습관에는 또 무엇이 있어요? 이야기해 보세요.

일찍 자고 일찍 일어나는 게 좋아요.

희망을 말할 때 사용해요.

이 옷은 어떠세요?

디자인은 마음에 드는데
조금 작으면 좋겠어요.

예문
- 가: 주말에 한국어능력시험 보지요?
  나: 네, 맞아요.
  이번에는 꼭 합격하면 좋겠어요.
- 이번 여름에 고향에 갔다 오면 좋겠어요.
- 비자를 연장할 수 있으면 좋겠어요.

-으면 좋겠다	• 먹다	→ 먹으면 좋겠다
	• 작다	→ 작으면 좋겠다
-면 좋겠다	• 가다	→ 가면 좋겠다
	• 건강하다	→ 건강하면 좋겠다

1 가족들이 무엇을 하면 좋겠어요?

보기

우리 딸이 일찍 일어나면
좋겠어요.

딸 – 일찍 일어나다

1)

남편 – 아침을 꼭 먹다

2)

딸 – 게임을 덜 하다

3)

남편 – 술을 덜 마시다

2 여러분은 올해 꼭 하고 싶은 일이 있어요? 친구와 이야기해 보세요.

저는 올해 한국어능력시험
3급에 합격하면 좋겠어요.

🔍 지금 괜찮아요? 어디가 안 좋아요?

안색이 안 좋다

힘(기운)이 없다

입맛이 없다

어지럽다

얼굴에 뭐가 나다

열이 나다

소화가 안 되다

몸살이 나다

저는 소화가 안 돼요. 요즘 계속 그러네요.

🔍 여러분은 피곤할 때 어디가 안 좋아요?

저는 피곤할 때 어지러워요.

어디에 좋은지 나쁜지를 말할 때 사용해요.

이링 씨, 당근을 잘 먹네요. 당근을 좋아해요?

당근은 눈에 좋아요. 그래서 많이 먹으려고 해요.

예문

• 가: 요즘 계속 피곤한 것 같아요.

　나: 그러세요? 그럼 귤을 드세요.

　　귤은 피로 회복에 좋아요.

• 감기에 비타민 시(C)가 좋아요.

• 담배는 건강에 좋지 않아요.

　담배를 끊으세요.

| ○ 에 | • 눈 → **눈에** | • 건강 → **건강에** |
| | • 감기 → **감기에** | • 소화 → **소화에** |

Tip '명이 사람이면 '사람에게'를 사용해요.'

---

1 다음은 어디에 좋을까요? 어디에 안 좋을까요? 이야기해 보세요.

보기

사과는 소화에 좋아요.

| 사과 | 소화 ○ |

1)

| 충분한 잠 | 피부 ○ |

2)

| 따뜻한 차 | 감기 ○ |

3)

| 짠 음식 | 건강 X |

---

2 여러분은 건강을 위해서 자주 먹는 음식이 있어요? 그 음식은 어디에 좋아요?

저는 아침마다 사과를 하나 먹어요.
사과는 피부에도 좋고 소화에도 좋거든요.

말하기와 듣기

1 아나이스 씨와 제이슨 씨가 건강에 대해 이야기해요. 다음과 같이 이야기해 보세요.

2-17 EBOOK

아나이스: 제이슨 씨, 무슨 일 있어요? 안색이 안 좋아요.

제 이 슨: 요즘 밤에 잘 못 자요. 잠을 충분히 자면 좋겠어요.

아나이스: 그러면 자기 전에 따뜻한 물로 샤워를 해 보세요. 불면증에 좋거든요.

제 이 슨: 그래요? 오늘부터 한번 해 봐야겠어요.

아나이스: 며칠 해 보면 괜찮아질 거예요.

제 이 슨: 알려 줘서 고마워요.

1) 밤에 잘 못 자다, 잠을 충분히 자다 | 자기 전에 따뜻한 물로 샤워를 하다, 불면증에 좋다

2) 소화가 안 되다, 속이 좀 편안해지다 | 아침에 사과를 먹다, 소화에 좋다

2 몸이 안 좋을 때 여러분은 어떻게 해요? 여러분만의 특별한 방법에 대해 이야기해 보세요.

17-L.mp3

여자가 라디오에서 건강 고민을 이야기하고 있어요. 잘 듣고 답해 보세요.

1) 여자는 무엇에 대해 걱정해요?

_____

2) 남자가 알려 준 방법으로 맞는 것은 ○, 틀린 것은 X 하세요.

❶ 간식을 조금만 드세요. ( )

❷ 운동을 더 자주 하세요. ( )

❸ 물을 많이 드세요. ( )

1 다음 글을 읽고 질문에 답해 보세요.

〈일상생활 속 건강한 생활 습관〉

첫째, 충분히 잠자기

충분히 잠을 자려면 먼저 커피를 많이 마시지 않아야 됩니다. 또 침대에 누워서 휴대 전화를 많이 보면 안 됩니다. 자기 전에 따뜻한 물로 샤워하고 마음이 편해지는 음악을 들으면 푹 잘 수 있습니다. 따뜻한 우유를 한 잔 마시는 것도 좋습니다.

둘째, 일상생활에서 운동하기

가까운 거리는 걸어서 갑니다. 엘리베이터와 에스컬레이터보다는 계단을 이용합시다. 생활 속의 가벼운 운동은 건강에 매우 좋습니다.

셋째, 건강에 좋은 음식 먹기

짠 음식이나 단 음식 등을 많이 먹지 않습니다. 몸에 좋지 않기 때문입니다. 채소와 과일을 많이 먹습니다. 당근은 눈 건강에 좋고, 오렌지나 귤은 피로 회복에 좋습니다.

1) 건강한 생활 습관이 아닌 것은 뭐예요?

❶ 푹 자기　　　　❷ 자주 운동하기　　　　❸ 편식하기　　　　❹ 야채 많이 먹기

2) 자기 전에 무엇을 하면 쉽게 잘 수 있어요?

_____

3) 다음 중 건강에 좋지 않은 음식은 뭐예요? 모두 고르세요.

❶ 짠 것　　　　❷ 매운 것　　　　❸ 단 것　　　　❹ 쓴 것

2 여러분만의 건강한 생활 습관과 이유를 써 보세요.

〈나만의 건강한 생활 습관〉

첫째,

둘째,

셋째,

단어장

불면증

민간요법

한국에서는 옛날부터 몸이 아플 때 병원에 가거나 약을 먹지 않고 병을 고치는 방법들이 전해지고 있습니다. 예를 들어 소화가 되지 않을 때 어머니들은 아픈 아이의 배를 손으로 쓸어 주었습니다. 이렇게 아픈 배를 낫게 하는 어머니의 손을 '약손'이라고 불렀습니다. 기침이 심할 때는 배를 끓여서 먹으면 기침이 사라지고, 술을 많이 마신 다음 날에는 콩나물 국을 먹으면 술이 잘 깹니다. 이러한 민간요법은 과학적인 근거가 없는 것도 있지만 어떤 방법은 의학적으로 그 효과가 입증되어 지금까지 사랑받고 있습니다.

1) 한국의 민간요법에는 어떤 방법이 있어요?

2) 이러한 민간요법은 모두 과학적인 방법이에요?

3) 여러분 고향에는 어떤 민간요법이 있어요?

1. 다음을 듣고 따라 읽으세요.

1) 좋겠어요[조케써요]

2) 불규칙한 편이에요[불규치칸 펴니에요]

3) 하지 않지만[하지 안치만]

2. 다음을 듣고 연습해 보세요.

1) 잠을 충분히 자면 좋겠어요.

2) 가: 요즘 소화가 안 돼요?
나: 네, 식사가 불규칙한 편이에요.

3) 가: 운동을 자주 하세요?
나: 자주 하지 않지만 가끔 1시간 정도 걸어요.

배운 어휘 확인

☐ 잠을 충분히 자다   ☐ 힘(기운)이 없다

☐ 음식을 골고루 먹다   ☐ 입맛이 없다

☐ 식사를 규칙적으로 하다   ☐ 어지럽다

☐ 운동을 꾸준히 하다   ☐ 얼굴에 뭐가 나다

☐ 잠이 부족하다   ☐ 열이 나다

☐ 편식이 심하다   ☐ 소화가 안 되다

☐ 식사가 불규칙하다   ☐ 몸살이 나다

☐ 운동을 거의 하지 않다   ☐ 불면증

☐ 안색이 안 좋다

18

이 수업을 신청하는 게 어때요?

• 이 사람들은 무엇을 배워요?

• 여러분은 무엇을 배우고 싶어요?

Q 문화 센터에는 어떤 수업이 있어요?

문화 센터에는 어떤 수업이 있어요?   요가 수업이 있어요.

Q 여러분은 문화 센터에서 어떤 수업을 듣고 싶어요? 이야기해 보세요.

저는 천연 비누 만들기 수업을 듣고 싶어요.

동 -는 게 어때요?

권유하거나 조언을 할 때 사용해요.

저도 노래를 잘 부르고 싶어요.

그럼 문화 센터에서 노래 교실을 신청하는 게 어때요?

예문
- 가: 윗집 아이들이 너무 뛰어서 잠을 잘 수가 없어요.
  나: 윗집에 한번 **이야기하는 게 어때요?**
- 요즘 기운이 없으니까 건강식품을 **먹는 게 어때요?**
- 한국어 수업을 듣고 한국어능력시험을 **보는 게 어때요?**

○ -는 게 어때요?
- 먹다 → 먹는 게 어때요?
- 배우다 → 배우는 게 어때요?
- 공부하다 → 공부하는 게 어때요?
- ★만들다 → 만드는 게 어때요?

1 이 사람들은 고민이 있어요. 좋은 방법을 이야기해 보세요.

보기

한국 요리를 배우고 싶어요.

그러면 요리 교실에 가는 게 어때요? 아니면 친구에게 배우는 게 어때요?

한국 요리를 배우고 싶다
요리 교실에 가다 친구에게 배우다

1)

여행을 어디로 갈지 모르겠다
제주도에 가다 고향에 다녀오다

2)

친구를 많이 사귀고 싶다
모임에 가 보다 에스엔에스(SNS)를 하다

3)

요즘 몸이 자주 아프다
운동을 하다 몸에 좋은 음식을 먹다

2 이 사람들에게 좋은 방법을 이야기해 보세요.

고향이 그리워요.

오늘 날씨가 아주 좋아요.

좋은 회사를 찾고 싶어요.

Q 컴퓨터로 문화 센터 수업을 어떻게 신청해요?

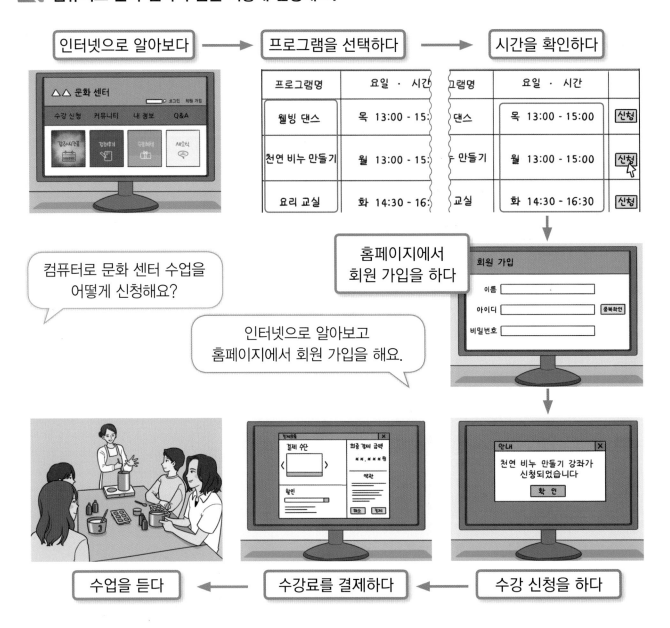

Q 여러분은 한국어 수업을 신청할 때 어떻게 신청했어요?

저는 홈페이지에서 프로그램을
찾아보고 신청했어요.

형 -어 보이다

사람이나 사물의 상황을 보고 짐작이나 느낌을 말할 때 사용해요.

엄마, 이 수업이 재미있어 보여요.

인터넷으로 문화 센터 수업을 알아볼까?

예문

· 가: 제가 이 음식을 만들었어요.

　나: 아주 **맛있어 보여요**.

· 회사에 일이 많아요? 요즘 **피곤해 보여요**.

· 백화점에서 파는 물건들은 모두 **좋아 보여요**.

⊙ -아 보이다	· 높다 →	**높아 보이다**
	· 비싸다 →	**비싸 보이다**
⊙ -어 보이다	· 적다 →	**적어 보이다**
	· 넓다 →	**넓어 보이다**
⊙ -해 보이다	· 피곤하다 →	**피곤해 보이다**
	· 친절하다 →	**친절해 보이다**

1 다음 그림을 보고 이야기해 보세요.

보기

저는 요가 수업을 들어요.

요가 수업이 재미있어 보여요.

요가 수업을 듣다

재미있다　좋다

1)
어제 머리 스타일을 바꾸었다

젊다　깔끔하다

2)
이번 여름에 고향에 가다

기분이 좋다　행복하다

3)
밤까지 일을 하다

피곤하다　힘들다

2 어때 보여요? 친구와 이야기해 보세요.

옆 친구를 보세요.
오늘 기분이 어때 보여요?

2단계 책 앞의 배운 문법을
다시 보세요. 어때 보여요?

휴가 갔을 때 사진을 보세요.
어때 보여요?

1 이링 씨와 왕흔 씨가 문화 센터 수업에 대해 이야기해요. 다음과 같이 이야기해 보세요.

2-18 EBOOK

이링: 오늘 문화 센터 팸플릿을 봤어요. 저도 하나 배우면 좋겠는데 어떤 수업을 신청하면 좋을까요?

왕흔: 저도 문화 센터에서 수업을 많이 들었는데 도움이 되고 아주 좋았어요. 이링 씨는 운동을 좋아하니까 요가를 배우는 게 어때요?

이링: 아, 좋은 생각이에요. 저도 요가 수업이 재미있어 보였어요. 어렵지는 않겠죠? 선착순 모집이니까 집에 가서 빨리 신청해야겠어요.

왕흔: 초급반이니까 어렵지 않을 거예요. 저도 빨리 재미있는 수업을 찾아봐야겠어요.

문화 센터 초급 요가반

1) 운동을 좋아하니까 요가를 배우다 | 요가 수업이 재미있다
2) 요리에 관심이 있으니까 한식 강좌를 신청하다 | 한식 요리 수업이 좋다

2 여러분은 어떤 수업을 신청했어요? 어떤 수업을 신청하고 싶어요? 친구와 이야기해 보세요.

어떤 수업을 신청했어요?

만들기를 좋아해서 공예 교실을 신청했어요.

18-L.mp3

안젤라 씨가 문화 센터에 갔어요. 잘 듣고 답해 보세요.

1) 들은 내용과 같은 것을 고르세요.

❶ 홈페이지에서 신청해야 돼요.

❷ 일요일 수업은 신청이 끝났어요.

❸ 안젤라 씨는 일요일 수업을 신청할 거예요.

❹ 천연 비누 만들기 수업은 모두 세 개예요.

2) 안젤라 씨가 신청한 수업은 언제 시작해요?

1 다음 글을 읽고 질문에 답해 보세요.

주민 센터 문화 강좌 수강생 모집

- 접수 기간: 매달 25일~28일
- 접수 방법: 방문 접수 또는 이메일 접수(j123@gcf.or.kr)
- 수강료: 무료(교재비 1만 원, 재료비 별도)

문의: 033-222-1234

강좌명	대상	시간	강의실	인원
맛있는 커피 (바리스타 자격증 과정)	성인	화 9-11시	101호	15명
컴퓨터 기초	초등학생	월~금 14-15시	102호	15명
컴퓨터 (컴퓨터 활용 능력 자격증 과정)	중·고등학생 및 성인	월~금 17-18시	103호	15명
생활 영어	성인	화, 목 20-21시	201호	15명

1) 강좌 신청은 언제 해야 돼요? _____

2) 강좌 신청은 어떻게 해요? _____

3) 강좌에 대한 설명으로 맞으면 ○, 틀리면 ✕ 하세요.

❶ '컴퓨터 기초'는 어른도 신청할 수 있어요.　　　(　　)

❷ '맛있는 커피'는 재료비가 무료예요.　　　(　　)

❸ '생활 영어'는 일주일에 두 번 수업이 있어요.　　　(　　)

2 여러분이 수강하고 싶은 강좌와 그 이유를 써 보세요.

단어장

팸플릿

도움이 되다

선착순

강좌

접수

별도

바리스타

문화가 있는 날

매달 마지막 주 수요일은 문화가 있는 날입니다. 문화가 있는 날에는 영화관, 공연장, 박물관, 미술관, 스포츠 시설 등 전국에 있는 문화 시설을 할인된 가격이나 무료로 즐길 수 있습니다. 그리고 지역마다 특색 있는 프로그램이 있어서 한국의 다양한 문화를 경험할 수 있습니다. 또한 이날에는 밤에 문을 여는 문화 시설도 있습니다. 그래서 평소에 일 때문에 문화를 즐기지 못한 사람들은 이날 문화 시설을 이용합니다.

1) 문화가 있는 날은 언제예요?
2) 문화가 있는 날에는 무엇을 할 수 있어요?
3) 여러분은 문화가 있는 날에 무엇을 하고 싶어요?

발음

1. 다음을 듣고 따라 읽으세요.

1) 어학 자격증[어학 자격쯩]
2) 행복해[행보캐]
3) 천연 비누[처년 비누]

2. 다음을 듣고 연습해 보세요.

1) 어학 자격증 수업을 듣고 싶어요.
2) 가: 오늘 행복해 보여요.
   나: 네, 고향 친구들을 만났거든요.
3) 가: 문화 센터의 천연 비누 만들기 수업을 듣고 싶어요.
   나: 그럼 같이 신청할까요?

1월

일	월	화	수	목	금	토
			1	2	3	4
5	6	7	8	9	10	11
12	13	14	15	16	17	18
19	20	21	22	23	24	25
26	27	28	29 문화가 있는 날	30	31	

한 달을 즐겁게 만드는 하루

문화가 있는 날

배운 어휘 확인

- ☐ 요가
- ☐ 웰빙 댄스
- ☐ 천연 비누
- ☐ 도자기
- ☐ 어학
- ☐ 자격증
- ☐ 미용
- ☐ 노래 교실
- ☐ 음악 교실
- ☐ 요리 교실
- ☐ 인터넷으로 알아보다
- ☐ 프로그램을 선택하다
- ☐ 시간을 확인하다

- ☐ 홈페이지
- ☐ 회원 가입을 하다
- ☐ 수강 신청을 하다
- ☐ 수강료를 결제하다
- ☐ 수업을 듣다
- ☐ 팸플릿
- ☐ 도움이 되다
- ☐ 선착순
- ☐ 강좌
- ☐ 접수
- ☐ 별도
- ☐ 바리스타

복습 2

어휘

※ [1~2] 〈보기〉와 같이 그림을 보고 (   )에 들어갈 알맞은 것을 고르세요.

─── 〈보기〉 ───

가: 여기는 어디입니까?

나: (   )입니다.

① 학교　　　　　　　　② 시장

❸ 약국　　　　　　　　④ 공항

1.

가: 편지를 보내고 싶어요.

나: 네, 편지 봉투에 우표를 (   ).

① 쓰세요　　　② 보내세요　　　③ 붙이세요　　　④ 바르세요

2.

가: 서울역에서 명동까지 어떻게 가요?

나: 여기에서 4호선으로 (   ).

① 나가요　　　② 건너요　　　③ 도착해요　　　④ 갈아타요

※ [3~4] 다음 밑줄 친 부분과 의미가 반대인 것을 고르세요.

3.
가: 고천 씨, 어디에 가요?

나: 은행에 돈을 <u>출금하러</u> 가요.

① 넣으러　　　② 바꾸러　　　③ 보내러　　　④ 만들러

4.
가: 라흐만 씨, 탁자 위에 물건을 <u>올려</u> 주세요.

나: 네, 알겠습니다.

① 실어　　　② 들어　　　③ 옮겨　　　④ 내려

※ [5~6] 다음 밑줄 친 부분과 의미가 같은 것을 고르세요.

5.
가: 여기 게시판을 보세요. 이 회사에서 직원을 <u>채용해요</u>.

나: 그래요? 정말 직원을 (　　　　　　).

① 받네요　　　② 뽑네요　　　③ 참가하네요　　　④ 신청하네요

6.
가: 퇴근하기 전까지 보고서를 <u>쓰세요</u>.

나: 네, 그때까지 보고서를 (　　　　　　).

① 정리할게요　　　② 복사할게요　　　③ 번역할게요　　　④ 작성할게요

※ [7~10] 다음을 보고 (　　　　)에 들어갈 알맞은 것을 고르세요.

7.
식사할 때 편식하지 말고 음식을 (　　　　　) 먹어야 해요.

① 푹　　　② 꾸준히　　　③ 골고루　　　④ 규칙적으로

8.
열심히 공부해서 한국어 시험을 봤지만 점수가 나빠서 (　　　　　).

① 무서워요　　　② 속상해요　　　③ 그리워요　　　④ 답답해요

9.

| 명절에는 가족들과 (　　　　　) 재미있게 놀아요. |

① 모여서　　　　② 지내서　　　　③ 오셔서　　　　④ 잘해서

10.

| 이링 씨가 요즘 밤에 못 자서 (　　　　)이 안 좋아요. |

① 힘　　　　② 안색　　　　③ 몸살　　　　④ 입맛

문법

※ [1~4] 〈보기〉와 같이 (　　　　)에 들어갈 가장 알맞은 것을 고르세요.

───────── 〈보기〉 ─────────

영호 씨는 지금 공원(　　　) 운동을 합니다.

① 을　　　　② 이　　　　❸ 에서　　　　④ 에

1.

| 짠 음식은 건강(　　　) 안 좋아요. |

① 도　　　　② 에　　　　③ 이나　　　　④ 보다

2.

| 가: 외국인 등록증을 재발급 받고 싶은데요.
나: 재발급을 (　　　　　) 사진과 여권이 필요해요. |

① 받지만　　　　② 받으려면　　　　③ 받으니까　　　　④ 받은 다음에

3.

| 가: 주말에 뭐 했어요?
나: 친구들과 (　　　　　) 함께 고향 음식을 만들었어요 |

① 이야기하게　　　　② 이야기해서　　　　③ 이야기하는데　　　　④ 이야기하면서

4.

가: 이게 뭐예요?

나: 아까 안젤라 씨에게 (　　　　) 택배예요.

① 도착한　　　　　② 도착할　　　　　③ 도착하는　　　　　④ 도착하고

※ [5~7] 다음을 보고 (　　　　)에 들어갈 가장 알맞은 것을 고르세요.

5.

가: 통장을 만들고 싶어요. 무엇이 필요해요?

나: 통장을 만들 때 신분증이 (　　　　).

① 있을 거예요　　　　② 있어야 돼요　　　　③ 있기로 해요　　　　④ 있을 수 있어요

6.

가: 한국어 선생님이 어때요?

나: 오늘 처음 봤는데 아주 (　　　　).

① 친절해 보여요　　　② 친절해도 돼요　　　③ 친절하고 있어요　　④ 친절하려고 해요

7.

가: 라흐만 씨가 왜 회사에 안 와요?

나: 오늘 부모님이 한국에 (　　　　).

① 오네요　　　　　　② 오지요　　　　　　③ 오시겠어요　　　　④ 오시거든요

※ [8~9] 다음 밑줄 친 부분과 의미가 비슷한 것을 고르세요.

8.

가: 미호 씨, 닭갈비를 알아요?

나: 네, 춘천에 여행을 갔을 때 먹어 봤어요.

① 먹고 싶어요　　　　② 먹기로 해요　　　　③ 먹을 것 같아요　　④ 먹은 적이 있어요

9.

가: 서울은 교통이 어때요?

나: 서울에는 사람이 많이 살아서 교통이 복잡해요.

① 살고　　　　　　　② 살 때　　　　　　③ 살기 전에　　　　④ 살기 때문에

※ [10~11] 다음 밑줄 친 부분이 **틀린** 것을 고르세요.

10. ① 주말에 수업을 <u>들으려고</u> 해요.

    ② 요즘은 회사 일이 <u>한가한 편</u>이에요.

    ③ 저도 빨리 머리가 <u>길으면</u> 좋겠어요.

    ④ 아까 도착한 물건을 <u>옮기고</u> 있어요.

11. ① 신용 카드를 <u>만들려면</u> 은행에 가야 해요.

    ② 버스보다 <u>빠르기 때문에</u> 지하철을 타요.

    ③ 밤에는 추우니까 옷을 <u>따뜻하게</u> 입으세요.

    ④ 은행은 시청 옆에 <u>있는데</u> 여기에서 가까워요.

※ [12~13] 다음을 읽고 물음에 답하세요.

> 가: 팀장님, 이번 추석 연휴에 고향에 가세요?
> 나: 네, 내일 일찍 (㉠   ).
> 가: 추석에는 보통 무엇을 해요?
> 나: 가족들과 (㉡   ) 음식도 만들고 재미있게 놀아요.

12. ㉠에 알맞은 것을 고르세요.

    ① 출발하러 가요   ② 출발하고 있어요   ③ 출발하려고 해요   ④ 출발할 수 있어요

13. ㉡에 알맞은 것을 고르세요.

    ① 먹을   ② 먹어서   ③ 먹으면   ④ 먹는데

※ [14~15] 다음을 읽고 물음에 답하세요.

> 가: 후엔 씨는 한국어를 잘하니까 실수하지 않지요?
> 나: 아니에요. 아직도 실수를 자주 (㉠   ).
> 가: 어떤 실수를 했어요?
> 나: 며칠 전에 시장에서 물건값을 잘못 (㉡   ) 아주 창피했어요.

14. ㉠에 알맞은 것을 고르세요.

    ① 해도 돼요   ② 하고 싶어요   ③ 하기로 해요   ④ 하는 편이에요

15. ㉡에 알맞은 것을 고르세요.

    ① 알아들으면   ② 알아들었지만   ③ 알아들었는데   ④ 알아들은 편이라서

※ [1~2] 다음 (   ) 안에 알맞은 것을 고르세요.

1.

> 가 : 외국인 등록증을 신청하고 싶은데 어떻게 해야 해요?
>
> 나 : 이 신청서를 쓰세요. 여권과 사진은 가져오셨어요?
>
> 가 : 네. (   ).
>
> 나 : 네. 수수료는 3만 원입니다.

① 여기 있어요

② 여기 없어요

③ 여기 주세요

④ 여기 아니에요

2.

> 가: 주말에 '세계인의 날' 축제에 같이 갈래요? 가족이나 친구를 데려가도 돼요.
>
> 나: (   )?
>
> 가: 여러 나라 공연도 보고, 다양한 프로그램도 체험할 수 있어요. 아, 기념품도 줘요.
>
> 나: 재미있을 것 같아요. 가서 사진도 많이 찍어야겠어요.

① 거기에 어떻게 가요

② 그 축제는 언제까지 해요

③ 거기 가면 뭐 할 수 있어요

④ 그 축제에 누구하고 같이 갈 거예요

※ [3] 다음을 읽고 질문에 답하세요.

3. 다음 글에 대한 설명으로 옳은 것을 고르세요.

주민 센터 문화 강좌 수강생 모집

- 접수 기간: 매월 20일~마감 시
- 수강 대상: 지역 주민 누구나 가능
- 수강료: 5만 원(재료비 별도)
- 접수 방법: 방문 접수(평일 09:00-18:00) 또는 이메일 접수(j123@gcf.or.kr)

강좌명	대상	시간	강의실	인원
요리 교실	성인	화, 목 9-11시	101호	15명
천연 비누 만들기	성인	수 14-15시	103호	15명
컴퓨터 (컴퓨터 활용 능력 자격증 과정)	중·고등학생	월~금 17-18시	105호	15명
요가	성인	월~금 20-21시	201호	15명

① 요리 수업은 일주일에 한 번 있습니다.
② 비누 만들기 수업은 재료비가 무료입니다.
③ 컴퓨터 수업은 어른도 신청할 수 있습니다.
④ 요가 수업은 이메일로 신청할 수 있습니다.

※ [4~5] 다음을 읽고 질문에 답하세요.

　　저는 시간이 없을 때 택시를 타는 편입니다. 며칠 전에 택시를 탔는데 제가 발음을 잘못해서 기사님이 다른 곳에 내려 줘서 당황했습니다. 저는 '신촌'에 가려고 했는데 도착해 보니까 '신천'이었습니다. 아마 기사님은 '신촌'을 '신천'으로 잘못 들으신 것 같습니다. 한국에서 3년 동안 살았지만 한국어를 (　㉠　)은 아직 어려운 것 같습니다.

4. ㉠에 들어갈 알맞은 말을 고르세요.

① 빨리 말하는 것　　　　　　　　② 정확하게 말하는 것
③ 천천히 발음하는 것　　　　　　④ 부드럽게 발음하는 것

5. 윗글의 내용과 같은 것을 고르세요.

① 이 사람은 자주 택시를 탑니다.

② 이 사람은 '신천'에 가려고 했습니다.

③ 택시 기사는 이 사람의 말을 잘못 들었습니다.

④ 이 사람은 한국에 오래 살아서 한국어를 잘합니다.

※ [6~7] 다음을 읽고 질문에 답하세요.

> 한국의 큰 명절에는 설날과 추석이 있습니다. 설날은 음력 1월 1일입니다. 새해가 시작되는 날에 가족들이 오랜만에 모여서 조상님께 차례를 지내고 함께 떡국을 먹습니다. 또한 윗사람에게 세배를 하고 "새해 복 많이 받으세요."라고 인사합니다. 추석은 음력 8월 15일입니다. 추석은 한 해의 농사를 잘 마친 것을 조상들에게 감사하는 날입니다. 이날 가족과 차례를 지내거나 성묘를 갑니다. 송편도 빚고 밤에 보름달을 보면서 소원을 빕니다.

6. 윗글의 중심 내용을 고르세요.

① 설날은 새해가 시작되는 날입니다.

② 설날과 추석은 음력으로 지냅니다.

③ 추석은 조상님에게 감사하는 날입니다.

④ 설날과 추석은 한국의 중요한 명절입니다.

7. 윗글의 내용과 다른 것을 고르세요.

① 추석에는 가족과 성묘를 갑니다.

② 추석에는 송편을 만들어 먹습니다.

③ 설날에는 보름달에게 소원을 말합니다.

④ 설날 인사는 '새해 복 많이 받으세요'입니다.

※ [1~2] 다음 그림을 보고 대화문을 만들어 옆 사람과 대화해 보세요.

1. 길 찾기와 길 안내하기

- 어디에 가요? 예 은행, 병원, 약국, 피시방(PC방), 버스 정류장 등
- 거기에 어떻게 가요?

(가: 길을 묻는 사람 / 나: 길을 알려 주는 사람)

가: _____

나: _____

가: _____

나: _____

가: _____

나: _____

2. 우체국에서 소포 보내기

- 무엇을 하려고 해요?
- 어떻게 해야 돼요?

(가: 직원 / 나: 손님)

가: _____

나: _____

가: _____

나: _____

가: _____

나: _____

쓰기

※ [1~2] 다음 대화문에 알맞은 말을 쓰세요.

1.
가: 평일에는 바빠서 한국어 수업을 들을 수 없어요.
나: 그럼 주말에 한국어 수업을 (   )?
가: 주말에도 수업이 있어요? 알려 줘서 고마워요.

2.
가: 다음 주에 한국어능력시험 보지요?
나: 네, 맞아요. 이번에는 꼭 (   ).
가: 시험 준비 잘 하세요. 좋은 소식 기대할게요.

3. 다음 내용을 포함하여 '건강한 생활 습관'이라는 제목으로 글을 쓰세요.

- 잠 잘 자기
- 건강하게 운동하기
- 몸에 좋은 음식 먹기

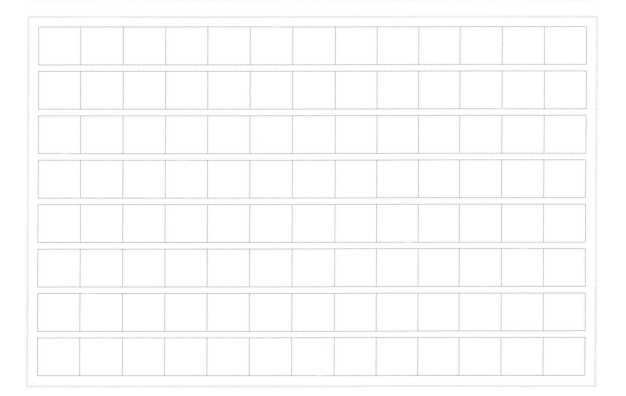

모범 답안

1 제 고향은 경치가 아름다운 곳이에요

듣기 p. 18

1) 중국에서 왔어요. 고향은 산둥성 청도예요.
2) 맥주가 아주 유명한 곳이에요.

읽기 p. 19

1) ① X
　 ② X
　 ③ O
2) '포'라고 해요.
3) 경치가 아름다운 곳이에요.

2 쓰레기는 내가 버릴게요

듣기 p. 28

1) 쓰레기 치우기, 분리수거 하기, 컵 씻기, 책상 정리
2) ③

읽기 p. 29

1) 집에서 파티를 해요.
2)

잠시드	보부르
마트에서 장 보기	거실 청소, 음식물 쓰레기 버리기

1) 부탁할 일이 있어서 메모를 썼어요.
2) ① X
　 ② X
　 ③ O

3 이걸로 한번 입어 보세요

듣기 p. 38

1) ③
2) 아니요. 아직 안 입어 봤어요.

읽기 p. 39

1) 티셔츠, 바지, 조끼를 입었어요.
2) 시원하고 편해요. 땀도 빨리 말라요.
3) 주머니가 있어요.

4 지금 통화할 수 있어요?

듣기 p. 48

1) 유학생 친구들과 모임이 있어요.
2) 전화했어요.

읽기 p. 49

1) 걱정이 돼서 문자를 보냈어요.
2) ① X
　 ② O
　 ③ O
3) 시험 범위를 물어볼 거예요.

5 많이 아프면 이 약을 드세요

듣기 p. 58

1) 어깨하고 허리가 아파요.
2) ①

읽기 p. 59

1) ① X
　 ② O
　 ③ O
2) 3일 동안 먹어요.
3) 식후 30분에 먹어요.

6 맛있는 음식을 먹을 때 행복해요

듣기 p. 68

1) 새 아파트로 이사를 가요.
2) 너무 기뻐요.

읽기 p. 69

1) 정말 힘들고 외로웠어요.
2) 정말 즐거워요.
3) 친구들과 제주도로 여행을 갈 거예요.

7   집들이니까 세제나 휴지를 가져갈게요

듣기 p. 78

1) ① ○
   ② X
   ③ ○
2) 이사를 해서 집들이에 초대했어요.

읽기 p. 79

1) 회의를 하고 싶어서 이메일을 썼어요.
2) 다음 주에 만나고 싶어 해요.
3) 답장을 쓸 거예요.

8   9월부터 한국어 수업을 듣기로 했어요

듣기 p. 88

1) 다음 주에 시험이 있어요.
2) 사회통합정보망 홈페이지에서 확인해요.

읽기 p. 89

1) 한국어 수업을 같이 신청하고 싶어서 문자를 보냈어요.
2) ① X
   ② ○
   ③ X
3) 1층 소강의실 3이에요.

9   근처에 자주 가는 식당이 있어요

듣기 p. 98

1) 분식집
2) ① ○
   ② ○
   ③ X

읽기 p. 99

1) 고향 친구와 식당에 갔어요.
2) 맛집으로 유명해요.
3) 세 개 주문했어요. 다 먹었어요.

복습 1

어휘 p. 102

1. ④   2. ②   3. ④   4. ②   5. ④
6. ④   7. ②   8. ③   9. ①   10. ④

문법 p. 104

1. ④   2. ④   3. ③   4. ④   5. ④
6. ①   7. ④   8. ④   9. ②   10. ③
11. ②   12. ②   13. ③   14. ③   15. ①

읽기 p. 107

1. ④   2. ③   3. ③   4. ①   5. ④
6. ④   7. ①

쓰기 p. 111

1. 피곤하겠어요 / 피곤할 것 같아요
2. 맛있겠어요 / 맛있을 것 같아요

10   시청 옆에 있는데 가까워요

듣기 p. 118

1) 아름 카페에서 만나요.
2) 우체국 앞에서 육교를 건너서 가요.

읽기 p. 119

1) 집에서 생일 파티를 해요.
2) 친구들이 많이 오기 때문에 많이 준비해요.
3) ③

11   보름달을 보면서 소원을 빌어요

듣기 p. 128

1) 고향 친구들하고 같이 모여서 고향 음식을 만들어서
   먹었어요.
2) ④

1) 설날과 추석이 있어요.

2) ①, ②

3) 한 해의 농사가 잘 끝난 것을 조상들에게 감사하는 날 이에요.

12 실수를 자주 하는 편이에요

듣기 p. 138

1) ①, ②

2) 과장님께 반말을 했어요.

읽기 p. 139

1) 버스를 타고 가요.

2) ③

3) 버스 요금을 내 줬어요.

13 소포를 보내려고 하는데요

듣기 p. 148

1) ☑ 통장 ☑ 체크 카드

2) 신분증을 줘요, 신청서를 써요

읽기 p. 149

1) 우편 서비스와 은행 서비스가 있어요.

2) 우편 업무 시간은 9시부터 6시까지, 은행 업무 시간은 9시부터 4시 30분까지예요.

3) 우체국 ATM을 이용하면 돼요.

14 비자 연장 신청을 하려면 어떻게 해야 돼요?

듣기 p. 158

1) 외국인 등록증을 재발급받으려고 갔어요.

2) 여권과 사진을 가지고 가야 돼요.

읽기 p. 159

1) 외국인 등록을 신청했어요.

2) 경기도 안산시 단원구에 살아요.

3) (주)한국새시에서 일해요.

15 무역 회사에서 번역 일을 하고 있어요

듣기 p. 168

1) 메일을 번역하고 있어요.

2) ①, ②

읽기 p. 169

1) ①

2) 내일(금) 3시까지 해야 돼요.

3) 회의하러 와요.

16 그 행사에는 가족이나 친구를 데려가도 되거든요

듣기 p. 178

1) ③

2) 걷기 축제에 참여한 모든 사람들이 받을 수 있어요.

읽기 p. 179

1) 국내에 거주하는 모든 외국인이 참여할 수 있어요.

2) 송편 만들기, 케이팝(K-pop) 노래 대회, 한국어 퀴즈 대회가 있어요.

3) 이번 달 말까지 외국인 센터 홈페이지에서 신청해야 해요.

17 잠을 푹 자면 좋겠어요

듣기 p. 188

1) 소화가 안 돼서 걱정해요.

2) ① X
   ② O
   ③ O

읽기 p. 189

1) ③

2) 따뜻한 물로 샤워하고 마음이 편해지는 음악을 들으면 돼요.

3) ①, ③

18 이 수업을 신청하는 게 어때요?

듣기 p. 198

1) ④

2) 다음 달 첫 번째 주부터 시작해요.

읽기 p. 199

1) 매달 25일부터 28일까지 신청해야 돼요.

2) 방문해서 접수하거나 이메일로 접수해요.

3) ① X

　② X

　③ O

복습 2

어휘 p. 202

1. ③	2. ④	3. ①	4. ④	5. ②
6. ④	7. ③	8. ②	9. ①	10. ②

문법 p. 204

1. ②	2. ②	3. ④	4. ①	5. ②
6. ①	7. ④	8. ④	9. ④	10. ③
11. ②	12. ③	13. ①	14. ④	15. ③

읽기 p. 207

1. ①	2. ③	3. ④	4. ②	5. ③
6. ④	7. ③			

쓰기 p. 211

1. 듣는 게 어때요

2. 합격하면 좋겠어요

듣기 지문

1 제 고향은 경치가 아름다운 곳이에요

왕흔(여): 안녕하세요. 왕흔이라고 합니다. 오늘은 여러분에게 제 고향을 소개하겠습니다.
저는 중국에서 왔습니다. 산둥성 청도가 제 고향이에요. 여러분도 청도 맥주를 아시지요? 우리 고향은 맥주가 아주 유명한 곳이에요.
여러분도 청도로 놀러 오세요.

2 쓰레기는 내가 버릴게요

왕흔(여): 이링 씨, 사무실 청소를 같이 해요. 전 청소기부터 돌릴게요.
이링(여): 네. 그럼 전 뭘 할까요?
왕흔(여): 이 쓰레기들을 치운 다음에 분리수거를 해 주세요.
이링(여): 네. 할 일이 또 있어요?
왕흔(여): 네. 컵도 씻고 책상 정리도 해 주세요. 저는 화장실을 청소할게요.
이링(여): 알겠어요.

3 이걸로 한번 입어 보세요

점　원(여): 찾으시는 거 있으세요?
잠시드(남): 남자 바지 좀 보여 주세요.
점　원(여): 어떤 디자인을 찾으세요? 긴 바지나 짧은 바지 다 괜찮으세요?
잠시드(남): 긴 바지요. 편하고 주머니 있는 걸로 보여 주세요.
점　원(여): 이거 어때세요? 주머니가 커서 아주 편하실 거예요.
잠시드(남): 좋네요. 그걸로 입어 볼게요.

4 지금 통화할 수 있어요?

라　민(남): 여보세요?
아나이스(여): 라민, 지금 어디야?
라　민(남): 나 지금 버스 안이야. 그런데 길이 많이 막혀.

아나이스(여): 그럼 모임에 언제 올 수 있어? 다른 유학생 친구들 다 왔어.
라　민(남): 미안해. 많이 늦을 거야. 나 기다리지 말고 먼저 먹어.
아나이스(여): 응, 알았어. 이따 다시 전화해.

5 많이 아프면 이 약을 드세요

잠시드(남): 파스 좀 주세요.
약　사(여): 어디에 붙이실 거예요?
잠시드(남): 어깨하고 허리요. 어제 무거운 걸 들었어요.
약　사(여): 어떻게 아프세요? 팔 들 수 있어요?
잠시드(남): 네, 그런데 들면 좀 아파요.
약　사(여): 이거 붙여 보세요.

6 맛있는 음식을 먹을 때 행복해요

고　천(여): 선생님, 저 다음 주 수업에 못 와요.
선생님(여): 왜요? 무슨 일 있어요?
고　천(여): 다음 주에 새 아파트로 이사를 가요. 이제 저희 집이 생겼어요.
선생님(여): 와, 축하해요. 고천 씨 정말 좋겠어요.
고　천(여): 네, 너무 기뻐요. 돈을 모을 때는 진짜 힘들었어요. 하지만 요즘은 너무 좋아서 잠이 안 와요.
선생님(여): 정말 고생했어요. 이사 잘하세요!

7 집들이니까 세제나 휴지를 가져갈게요

후엔(여): 슬기 아빠, 고천 씨가 이사를 해서 집들이에 우리 가족을 초대했어요. 같이 갈 수 있지요?
민수(남): 그럼요. 그럼 이따가 집들이 선물을 사러 갈래요?
후엔(여): 그래요. 고천 씨는 녹차를 좋아하니까 녹차를 선물할까요?
민수(남): 녹차도 괜찮지만 세제나 휴지는 어때요? 집들이 선물로 보통 세제나 휴지를 많이 해요.
후엔(여): 그래요? 그럼 그걸로 해요.

8 9월부터 한국어 수업을 듣기로 했어요

선생님(여): 여러분, 다음 주에 단계 평가 시험이 있어요. 알고 있지요?

잠시드(남): 네, 선생님. 시험 본 다음에 점수는 어떻게 알 수 있어요?

선생님(여): 시험 이틀 후에 사회통합정보망 홈페이지에서 확인할 수 있어요. 마이페이지에 들어가서 보면 돼요.

잠시드(남): 네, 알겠어요. 감사합니다. 저, 시험을 보기 전에 모르는 문법을 질문하고 싶은데요.

선생님(여): 아, 그러세요? 이따 쉬는 시간에 물어보세요.

9 근처에 자주 가는 식당이 있어요

이　링(여): 라흐만 씨 같이 밥 먹고 집에 갈래요?

라흐만(남): 좋아요. 학교 앞 중식당 어때요?

이　링(여): 음…… 거기는 며칠 전에도 갔으니까 버스 정류장 앞에 있는 분식집에 갑시다.

라흐만(남): 그 식당 괜찮아요? 한 번도 안 가 봤어요.

이　링(여): 밑반찬도 많이 나오고 음식에 조미료도 안 넣어요. 맛집으로도 유명하고요.

라흐만(남): 좋아요. 거기 가서 먹어요. 그런데 지금 점심 시간이어서 자리가 없을 것 같아요. 빨리 갑시다.

10 시청 옆에 있는데 가까워요

라　민(남): 여보세요. 안젤라 씨, 어디예요? 오고 있어요?

안젤라(여): 네, 지금 거의 다 왔는데 아름 카페를 못 찾겠어요.

라　민(남): 아, 그래요? 혹시 우체국 보여요?

안젤라(여): 네, 보여요.

라　민(남): 그럼 우체국 앞에서 육교를 건너세요. 육교를 건너면 바로 아름 카페가 있어요. 카페가 크기 때문에 쉽게 찾을 수 있을 거예요.

안젤라(여): 네, 빨리 갈게요. 늦어서 미안해요, 라민 씨.

11 보름달을 보면서 소원을 빌어요

제이슨(남): 라흐만 씨, 연휴 잘 보냈어요?

라흐만(남): 네, 저는 고향 친구들하고 같이 모여서 고향 음식을 만들어서 먹었어요. 제이슨 씨는요?

제이슨(남): 저는 동료들하고 한옥 마을에 가서 재미있게 보냈어요.

라흐만(남): 한옥 마을요? 거기 가서 뭐 했어요?

제이슨(남): 한복도 입어 보고 송편 만들기 체험이 있어서 송편도 만들어 봤어요. 한국 전통 놀이도 하고요.

라흐만(남): 와, 정말 재미있었겠네요.

12 실수를 자주 하는 편이에요

안 젤 라(여): 드미트리 씨, 얼굴이 왜 그래요? 무슨 일 있어요?

드미트리(남): 제가 과장님께 펜을 한 손으로 드려서 화가 나신 것 같아요.

안 젤 라(여): 한국 문화하고 고향 문화가 좀 다르지요? 저도 실수를 자주 하는 편이에요.

드미트리(남): 예전에는 과장님 이름을 부른 적도 있어요.

안 젤 라(여): 하하. 저도 과장님께 반말을 한 적이 있어요. 그때 과장님이 많이 당황하셨어요.

드미트리(남): 앞으로 조심해야겠어요.

13 소포를 보내려고 하는데요

라흐만(남): 안녕하세요? 예금 통장을 만들려고 하는데요.

직　원(여): 먼저 신분증 좀 주시겠어요?

라흐만(남): 네, 여기 있어요.

직　원(여): 그리고 이 신청서도 쓰셔야 돼요.

라흐만(남): 네, 알겠어요. 아참, 체크 카드도 만들어 주세요.

직　원(여): 교통 요금 할인 카드하고 쇼핑 할인 카드가 있어요. 어떤 걸로 하시겠어요?

라흐만(남): 교통 할인 카드로 해 주세요.

14 비자 연장 신청을 하려면 어떻게 해야 돼요?

직원(여): 어서 오세요. 어떻게 오셨어요?

라민(남): 외국인 등록증을 재발급 받으려면 어떻게 해야 돼요?

직원(여): 여기 신청서를 쓰세요. 여권하고 사진은 가지고 오셨어요?

라민(남): 네, 여기 있어요. 그런데 외국인 등록증은 언제 받을 수 있어요?

직원(여): 보통 3주 정도 걸려요.

라민(남): 수업이 있을 땐 오기 힘든데 택배로 받아도 돼요?

직원(여): 네, 지금 신청하면 집에서 받을 수 있어요.

15 무역 회사에서 번역 일을 하고 있어요

과   장(남): 안젤라 씨, 지금 무슨 일을 하고 있어요?

안젤라(여): 미국에서 어제 온 메일을 번역하고 있습니다.

과   장(남): 그럼 그 일이 끝나면 제가 오전에 준 서류 좀 복사해 줄래요? 이따가 3시에 회의가 있어요.

안젤라(여): 네, 과장님. 회의에는 몇 분이 참석하세요?

과   장(남): 모두 7명이 참석할 거예요. 복사한 다음에 회의 준비도 좀 해 주세요. 부탁해요.

16 그 행사에는 가족이나 친구를 데려가도 되거든요

진행자(남): 안녕하십니까. 2021년 한마음 걷기 축제에 와 주신 여러분 반갑습니다.
올해도 많은 프로그램을 준비했거든요. 먼저 여러분도 잘 아시는 뮤지컬 배우와 아이돌 그룹의 공연이 있을 예정입니다.
오른쪽에서는 무료 진료와 건강 상담을 받을 수도 있고요, 왼쪽에서는 여러 나라의 전통 의상을 체험할 수도 있습니다. 그리고 걷기 축제에 참여하신 모든 분들께 기념품도 드립니다.
자, 그럼 다 같이 준비 운동을 한 다음에 걸어가 볼까요?

17 잠을 푹 자면 좋겠어요

청취자(여): 안녕하세요? 서울에 사는 주부입니다. 저는 요즘 소화가 너무 안 돼서 걱정이에요.

전문가(남): 네, 보통 운동을 자주 하십니까?

청취자(여): 자주 하지 않지만 일주일에 한 번 2시간 정도 걸어요.

전문가(남): 밤에 빵이나 과자 같은 간식을 드십니까?

청취자(여): 네, 11시쯤 되면 배가 고파서 자주 먹게 돼요.

전문가(남): 그렇군요. 밤에 뭘 드시면 소화에 안 좋습니다. 그러니까 될 수 있으면 안 드시는 게 좋고요. 또 운동은 한 번에 많이 하는 것보다 자주 하는 것이 중요합니다. 또 물을 많이 드시면 좋겠습니다.

18 이 수업을 신청하는 게 어때요?

직   원(남): 어떻게 오셨어요?

안젤라(여): 천연 비누 만들기 수업을 신청하려고 하는데요.

직   원(남): 네. 저희 센터에는 천연 비누 만들기 수업이 세 개 있습니다. 먼저 시간표부터 확인해 보세요.

안젤라(여): 네, 감사합니다. 음.... 여기 화요일 오전 수업이 재미있어 보여요. 모집 기간이 언제까지예요?

직   원(남): 이번 주 일요일까지입니다. 그런데 선착순 모집이니까 오늘 신청하시는 게 어떠세요?

안젤라(여): 그럼 오늘 신청할게요.

직   원(남): 네, 여기 신청서 써 주세요. 수업은 다음 달 첫 번째 주부터 시작합니다.

색인

기획 · 연구

박정아 국립국어원 학예연구관 이슬비 국립국어원 학예연구사
정혜선 국립국어원 학예연구사 박지수 국립국어원 연구원

집필진

책임 집필

이미혜 이화여자대학교 교육대학원 교수

공동 집필

이영숙 한양대학교 국제교육원 교수 조항록 상명대학교 한국학과 교수
안경화 서울대학교 언어교육원 대우교수 배재원 이화여자대학교 언어교육원 특임교수
김현정 서강대학교 국제한국학선도센터 책임연구원 정미지 아주대학교 다산학부대학 특임교수
이윤진 안양대학교 교육대학원 교수 오지혜 세명대학교 미디어문화학부 교수
유해준 상지대학교 한국어문학과 교수 박수연 조선대학교 언어교육원 교육부장
강유선 숙명여자대학교 아시아여성연구원 연구원 이미선 서정대학교 사회통합프로그램 강사
이명순 대전대학교 사회통합프로그램 강사

연구 보조원

김민정 이화여자대학교 국제대학원 강사 오민수 건국대학교 언어교육원 강사
위햇님 서울대학교 언어교육원 강사 이승민 (재)한국이민재단 강사
남미정 상명대학교 국제언어문화교육원 강사 곽은선 고려대학교 한국어센터 강사
권수진 한양대학교 국제교육원 강사 강수진 상명대학교 국제언어문화교육원 강사
진보영 안산시외국인주민지원본부 사회통합프로그램 강사

법무부 사회통합프로그램(KIIP)

한국어와 한국문화 중급 1 (익힘책)

1판 1쇄 발행 2020년 12월 10일
1판 7쇄 발행 2024년 12월 31일

기획 · 연구 국립국어원
관계 기관 협조 법무부 출입국 · 외국인정책본부 이민통합과
지은이 이미혜 외

펴낸이 박영호
기획팀 송인성, 김선명
편집팀 박우진, 김영주, 김정아, 최미라, 전혜련, 박미나
관리팀 임선희, 정철호, 김성언, 권주련
펴낸곳 (주)도서출판 하우

주소 서울시 중랑구 망우로68길 48
전화 (02)922-7090
팩스 (02)922-7092
홈페이지 http://www.hawoo.co.kr
e-mail hawoo@hawoo.co.kr
등록번호 제2016-000017호

값 10,000원
ISBN 979-11-90154-88-8 14710
ISBN 979-11-90154-80-2 14710 (set)

기획 · 연구

박정아 국립국어원 학예연구관
정혜선 국립국어원 학예연구사

이슬비 국립국어원 학예연구사
박지수 국립국어원 연구원

집필진

책임 집필

이미혜 이화여자대학교 교육대학원 교수

공동 집필

이영숙 한양대학교 국제교육원 교수
안경화 서울대학교 언어교육원 대우교수
김현정 서강대학교 국제한국학선도센터 책임연구원
이윤진 안양대학교 교육대학원 교수
유해준 상지대학교 한국어문학과 교수
강유선 숙명여자대학교 아시아여성연구원 연구원
이명순 대전대학교 사회통합프로그램 강사

조항록 상명대학교 한국학과 교수
배재원 이화여자대학교 언어교육원 특임교수
정미지 아주대학교 다산학부대학 특임교수
오지혜 세명대학교 미디어문화학부 교수
박수연 조선대학교 언어교육원 교육부장
이미선 서정대학교 사회통합프로그램 강사

연구 보조원

김민정 이화여자대학교 국제대학원 강사
위햇님 서울대학교 언어교육원 강사
남미정 상명대학교 국제언어문화교육원 강사
권수진 한양대학교 국제교육원 강사
진보영 안산시외국인주민지원본부 사회통합프로그램 강사

오민수 건국대학교 언어교육원 강사
이승민 (재)한국이민재단 강사
곽은선 고려대학교 한국어센터 강사
강수진 상명대학교 국제언어문화교육원 강사

법무부 사회통합프로그램(KIIP)

한국어와 한국문화 초급 2

1판 1쇄 발행 2020년 12월 10일
1판 8쇄 발행 2024년 11월 15일

기획 · 연구 국립국어원
관계 기관 협조 법무부 출입국 · 외국인정책본부 이민통합과
지은이 이미혜 외

펴낸이 박영호
기획팀 송인성, 김선명
편집팀 박우진, 김영주, 김정아, 최미라, 전혜련, 박미나
관리팀 임선희, 정철호, 김성언, 권주련
펴낸곳 (주)도서출판 하우

주소 서울시 중랑구 망우로68길 48
전화 (02)922-7090
팩스 (02)922-7092
홈페이지 http://www.hawoo.co.kr
e-mail hawoo@hawoo.co.kr
등록번호 제2016-000017호

값 10,000원
ISBN 979-11-90154-83-3 14710
ISBN 979-11-90154-80-2 14710 (set)